Paris

1877

Jannet, Claudio

Les Sociétés secrètes

ಠ೭ ⌐⌐೭ನ
ಂ೭೦೩
B

BIBLIOTHÈQUE A 25 CENTIMES

CLAUDIO JANNET

LES
SOCIÉTÉS SECRÈTES

Septième édition

PARIS

BRAIRIE DE LA SOCIÉTÉ BIBLIOGRAPHIQUE
195, BOULEVARD SAINT-GERMAIN

1881

LES

SOCIÉTÉS SECRÈTES

BIBLIOTHÈQUE A 25 CENTIMES

CLAUDIO JANNET

LES
SOCIÉTÉS SECRÈTES

Sixième édition.

PARIS
LIBRAIRIE DE LA SOCIÉTÉ BIBLIOGRAPHIQUE
Rue de Grenelle, 35

1878

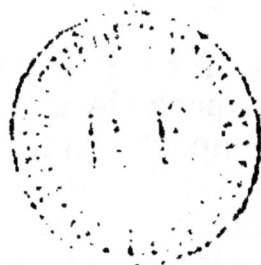

LES
SOCIÉTÉS SECRÈTES

I

CE QU'EST LA RÉVOLUTION.

Depuis un siècle et demi, l'histoire présente le spectacle d'un mouvement continu, qui emporte, tantôt dans des secousses violentes, tantôt par une action plus lente, les gouvernements nationaux, les institutions sociales des peuples et les croyances religieuses elles-mêmes.

Ce travail de destruction s'accomplit au nom des trois mots de *Liberté*, d'*Egalité*, de *Fraternité*. Ces mots sont vieux comme le Christianisme; mais ils exercent sur les hommes de notre temps un empire inconnu auparavant et ils prennent un sens tout particulier dans la bouche des novateurs.

Liberté veut dire pour eux affranchissement de toute autorité civile et surtout religieuse; c'est en son nom qu'on

livre à l'omnipotence de l'Etat toutes les
libertés de conscience, de famille et d'éducation.

L'*Egalité*, c'est l'indépendance absolue
de tous les hommes; c'est le gouvernement
de la société par les classes inférieures, ou
plutôt par les hommes qui ont l'habileté de
se faire passer pour leurs représentants; ce
sont des révolutions sans cesse renouvelées
en vertu du principe de la *Souveraineté
du peuple*.

La *Fraternité* moderne aboutit à son
tour à l'abolition de tous les liens qui unissaient les hommes dans la patrie, dans la
commune et dans l'atelier, et qui en
faisaient comme des extensions de la
famille.

L'Eglise catholique est la première atta-
quée; parfois son culte est proscrit et ses
ministres tombent sous la fusillade ou
l'échafaud; toujours elle est dépouillée des
biens qui en ses mains sont le patrimoine
des pauvres, et elle est privée de sa légitime influence sociale. En même temps
disparaissent la stabilité dans l'Etat et
l'harmonie dans l'atelier de travail, biens
précieux qui avaient, malgré les maux
inhérents à la condition humaine, donné
la paix aux peuples pendant de longues
générations et dont on sent surtout le
prix quand on les a perdus!

Le travail humain devient une marchandise comme une autre, dont le prix
se débat par la dure *loi de l'offre et de
la demande;* et un isolement, une hostilité
absolument inconnus autrefois, séparent
l'ouvrier fier de son *égalité* et le patron
avide de sa *liberté.*

Ce mouvement à la fois religieux, politique et social, mais un dans son essence,
c'est la Révolution, et il est absolument
distinct des *révolutions* accidentelles que
l'on rencontre dans les histoires passées.

La Révolution, depuis le milieu du siècle
dernier, n'a pas cessé de marcher et de
progresser : elle est devenue universelle ;
elle se fait sentir en Amérique comme en
Europe, et son contre-coup ébranle même
les peuples de l'extrême Orient. Jusqu'à
présent tous les efforts dirigés contre elle
ont paru impuissants. Un temps d'arrêt lui
est à peine imposé, qu'elle reprend avec
plus de puissance son essor destructeur!

Ce ne sont pas seulement les masses
déshéritées des avantages de la fortune
qui se laissent séduire, malgré l'expérience
déjà faite par deux générations des
maux qu'entraîne la Révolution ; on voit
encore ceux qu'elle doit atteindre plus
immédiatement, les classes supérieures,
les ministres des rois, les rois eux-mêmes,
s'abandonner à elle, accomplir son œuvre

et quelquefois l'imposer violemment aux peuples, qu'un secret instinct met en garde contre ses promesses décevantes.

Devant un phénomène aussi étrange et à première vue inexplicable, l'esprit se déconcerte. Beaucoup, subissant la fascination du succès, s'en vont répétant que la Révolution est une force *fatale*. D'autres expriment la même pensée en disant qu'elle est *providentielle*, qu'elle est la loi historique du développement de l'humanité, qu'elle est dans l'ordre social la conséquence nécessaire des prodigieux changements apportés au monde moderne par les grandes découvertes physiques de notre temps et les progrès de l'industrie.

Toutes ces idées habilement répandues augmentent la force de la Révolution. Elles sont cependant radicalement fausses.

Non, la Révolution n'est ni fatale ni providentielle ! Ennemie avant tout et par son essence de l'Eglise catholique, elle ne peut pas être *voulue* par Dieu. Elle ne peut pas davantage être la conséquence nécessaire des découvertes, des progrès matériels qui sont des dons de sa bonté faits aux hommes. Ces dons augmentent leurs forces pour le bien comme pour le mal, et il dépend uniquement de leur libre arbitre pe contre-balancer les effets amollissants de la prospérité matérielle par une recherche plus grande de la vertu morale.

La Révolution n'est pas davantage, comme l'a prétendu un écrivain célèbre, le résultat forcé d'une longue et lente volution sociale, le fruit naturel de l'*ancien régime* parvenu à son dernier développement. Cette thèse est fausse dans le fond, en ce qu'elle place au premier rang des causes tout à fait secondaires et nie les causes principales, celles qui furent vraiment agissantes. Sans doute, les abus de l'*ancien régime* en décadence avaient grandement affaibli les institutions, qui sont comme la défense naturelle des sociétés, et ils ont ainsi facilité l'action de la Révolution. Mais ce n'est pas à ces abus qu'elle s'attaquait ; elle les a partout ou conservés ou remplacés par des oppressions qu'elle dissimule en les généralisant et les systématisant, tandis que celles du passé étaient appelées d'un nom qui témoignait au moins du droit violé et appelait la réforme. D'ailleurs l'état social des peuples n'influe que d'une façon accidentelle sur la marche de la Révolution. Les républiques sont atteintes comme les monarchies. La Russie, avec sa population agricole clair-semée sur un immense territoire, subit son assaut, comme les agglomérations industrielles des nations de l'Occident. Les États-Unis

de la libre Amérique ont leurs *radicaux*
semblables aux nôtres. Les royaumes
protestants sont minés par ses manœuvres
souterraines, comme les pays catholiques ;
il n'y a de différence que dans l'heure
et les moyens de l'attaque.

L'idée de *fatalité* doit être bannie de
l'histoire, sous quelque forme plus ou moins
spécieuse qu'elle soit présentée.

Tous les hommes pris individuellement
sont libres dans leurs déterminations, sol-
licités d'un côté par leurs passions, de l'autre
par la raison et la grâce divine. Comment
la fatalité dans l'humanité sortirait-elle de
cette réunion de libertés ?

Disons donc que les événements historiques, sans exception, n'ont pour cause que
l'usage bon ou mauvais fait par les hommes
de leur liberté. La Révolution, elle aussi,
eût pu ne pas avoir lieu. Pour être réparties
sur un grand nombre d'individus et dans
des proportions très-inégales, les respon-
sabilités ne disparaissent pas.

Où est donc la cause agissante de la
Révolution, cause universelle et étendue
comme elle ?

C'est s'égarer à dessein que de la chercher en dehors des sociétés secrètes, qui
depuis un siècle et demi couvrent l'Europe et
le monde. Leur action extérieure a commencé précisément avec le second tiers

du XVIIIᵉ siècle, et, après cinquante ans de préparation, l'explosion de 1789 a eu lieu. La Franc-Maçonnerie, qui est la source et comme la mère de toutes les sociétés secrè- tes (1), est essentiellement cosmopolite. Con- trefaçon de l'Eglise catholique, elle aspire à régir l'humanité entière, et elle est identiquement la même sur tous les points du globe. Au milieu de tous les boulever- sements des temps modernes, elle n'a jamais cessé de fonctionner, poursuivant le même but, recrutant des adeptes de plus en plus nombreux.

Plus de douze mille loges sont répandues dans le monde entier, comprenant plusieurs millions d'adhérents pris dans les classes élevées et moyennes ; au-dessous d'elles, de nombreuses sociétés, qui ne sont que des formes populaires de la Maçonnerie, enré- gimentent sous leur direction des masses considérables.

Une pareille puissance, avec des forces doublées par le secret dont elle s'en- toure, est parfaitement capable de mener le monde à la fois par ses intrigues et par

(1) « Toutes les sociétés secrètes, à la fin, ont porté leurs eaux troubles et fangeuses dans le marécage de la Maçonnerie. » (Discours prononcé par S. S. le pape Pie IX le 20 mai 1876.) Déjà, dans son Encyclique du 21 novembre 1873, le Saint-Père avait signalé la Maçon- nerie comme l'agent de la persécution presque univer- selle qui sévit contre l'Eglise depuis la Prusse jusqu'au Brésil.

l'opinion publique, qu'elle dirige à son gré.

Cette démonstration sera complète pour tout lecteur de bonne foi quand il aura étudié l'identité des doctrines de la Maçonnerie avec les principes proclamés par la Révolution et la façon dont elle agit au milieu des nations modernes. Des témoignages historiques nombreux et irréfutables révéleront la trace de son action prépondérante dans tous les bouleversements qui se sont produits depuis 1789 jusqu'à nos jours. Les aveux échappés à ses propres membres, et des projets déjà en cours d'exécution, indiqueront le sort qu'elle réserverait à l'humanité si elle n'était pas arrêtée dans ses desseins.

II

CE QUI SE DIT ET CE QUI SE FAIT
DANS LES LOGES MAÇONNIQUES.

Malgré tous les anathèmes dont l'Eglise les a frappés, les francs-maçons prétendent ne former qu'une association inoffensive consacrée uniquement à des œuvres de philanthropie et laissant chacun de ses membres pratiquer sa religion en toute liberté. A l'appui de leur dire, ils apportent leurs *statuts*, qui reconnaissent l'existence d'un Dieu, grand architecte de l'univers, ainsi que l'immortalité de l'âme, et ils déclarent que l'Ordre se désintéresse de toute question politique.

Mais les statuts de la Maçonnerie ne sont qu'un trompe-l'œil, destiné à attirer les honnêtes gens peu perspicaces et à dérouter les gouvernements qui ne sont pas déjà ses complices.

Son véritable esprit se révèle dans ses *rituels* ou *tuileurs* propres aux différents grades. La connaissance en est, en principe, cachée aux profanes, et, à chaque nouveau pas dans l'ordre, l'initié fait le serment de n'en rien révéler, même aux maçons des grades inférieurs.

Or, dès le grade d'apprenti, les rituels dévoilent toute l'impiété de la Maçonnerie.

« Croyez-vous à un Etre suprême ? » demande le *Vénérable*, ou Président de la loge, au récipiendaire. La réponse du candidat est ordinairement affirmative, et alors le Vénérable pourra répliquer : « Cette réponse vous « fait honneur. Si nous admettons des per- « sonnes de toute croyance, c'est parce que « nous ne scrutons pas les consciences. Nous « croyons que l'encens de la vertu est agréa- « ble à la Divinité dans quelque forme qu'il « lui soit offert. » *Mais si le candidat, dans sa réponse, dit qu'il ne croit pas en Dieu, le Vénérable dira :* « L'athéisme est incompré- « hensible. La seule divergence possible « entre des hommes de bonne foi est sur la « question de savoir si la cause première « est esprit ou matière. Mais un maté- « rialiste n'est pas un athée ! »

On lit encore un peu plus loin dans le rituel :

« Qu'est-ce que le déisme ? » demande le Pré- sident. Ayant entendu la réponse, il ajoutera. « Le déisme est la croyance en Dieu sans révé- « lation ni culte. C'est la religion de l'avenir, « destinée à supplanter tous les autres sys- « tèmes dans le monde (1). »

(1. *Rituali massoni ici del primo e del trente- simo grado, detti de aprendista e di cavaliere kadosh, per la prima volta publicati e commentati* Roma, 1871. Les rituels sont plus ou moins explicites selon les pays et selon les temps, mais le fond en est toujours le même. Ils sont complétés par les discours des

C'est à bon droit que le *Monde maçon-nique* dit, en parlant de cette reconnais-sance de Dieu, contre laquelle proteste à chaque révision des statuts la partie la plus remuante et la plus avancée des loges :

« Nos devanciers ont adopté deux formules avec lesquelles tous les hommes de bonne volonté peuvent s'entendre : *Dieu, le grand architecte de l'univers, dénomination géné-rique que, depuis Platon, tout le monde peut accepter pour le Dieu qu'il révère, même ceux qui ne croient pas en Dieu* (t. IV, p. 697). »

Et la *Rivista della Massonneria* du 1er août 1874 :

« Tout le monde sait que cette formule d'un commun consentement n'a aucune significa-tion exclusive, encore moins une signification religieuse. C'est une formule qui s'adapte à tous les goûts, même à celui d'un athée. »

Il en est de même de l'*immortalité de*

vénérables et des orateurs des loges, qui s'inspirent d'ouvrages publiés avec l'approbation expresse du Grand Orient. Nous indiquerons seulement ici : le *Tableau historique, philosophique et moral de la Franc-Ma-çonnerie en France*, par le frère Bazot, 1836; le *Manuel général de la Maçonnerie* par le frère Teissier, inspect. général,1856; les *Études historiques et philosophiques sur les trois grades de la Maçonnerie symbolique*, par le frère Rédarès; l'*Histoire pittoresque de la Ma-çonnerie*, par frère Clavel; le *Cours interprétatif des initiations anciennes et modernes*, par le frère Ragon. Tout ce qui est dit sur la Maçonnerie dans le présent opuscule est tiré de ces auteurs et par conséquent a la valeur d'aveux émanés des intéressés.

l'âme proclamée par les statuts, mais qui, d'après les rituels, peut s'entendre, selon la volonté des maçons, de la *perpétuité de l'être, sinon individuel, du moins collectif,* c'est-à-dire de *la vie future de nos descendants.*

Comme on le voit, Dieu n'est plus qu'un *bon petit vieux mot,* dont il faut, par convenance, se servir encore quelque temps, ainsi que l'a dit M. Renan.

La Maçonnerie agit d'abord sur l'esprit de ses membres par les rites et par les enseignements dont elle les entoure. C'est à cela que servent les cérémonies de toute sorte auxquelles s'emploie le temps des loges, particulièrement dans les réceptions.

Un vaste temple à construire ; des *apprentis,* des *compagnons* et des *maîtres,* qui y travaillent ; Hiram, un de ces maîtres, le chef des travaux, assassiné par trois des compagnons pour lui arracher le *mot de passe* ou *la parole de maître ;* le corps de ce maître enfoui dans la terre à retrouver ; sa mort à venger ; la construction de ce temple reprise à achever : voilà la légende apocryphe et ridicule qui sert de base à tous les rites maçonniques, et sur laquelle des hommes prétendus graves discourent et exécutent, avec le tablier de peau à la ceinture et des bijoux au cou, des cérémonies toujours renouvelées ! Ce serait puéril si à la longue une action réelle ne s'exerçait sur l'esprit des adeptes.

Or tous ces rites, tous ces enseignements aboutissent à un panthéisme à peine déguisé et à l'exaltation de tous les penchants, voire même de tous les appétits de la nature humaine. Le dogme chrétien contre lequel le plus grand effort est dirigé est celui du péché originel; or, en le niant, c'est non-seulement l'économie du christianisme, mais l'ordre social entier que l'on ébranle. Selon la Maçonnerie, l'homme naît naturellement bon; seules les institutions religieuses et civiles l'ont corrompu. C'est absolument la thèse de Rousseau dans le *Contrat social*. La conséquence est qu'il faut détruire toutes ces institutions, y compris le Christianisme, qui n'est plus qu'une mystification, ce point de départ étant admis.

On va s'en convaincre par l'analyse des rites employés pour la réception aux trois premiers grades, ceux auxquels arrivent tous les maçons. Nous l'empruntons à un des auteurs qui ont le mieux pénétré l'esprit de la Franc-Maçonnerie (1):

« Au grade d'*apprenti* le franc-maçon représente *l'homme de la nature;* il est

(1) Feu le P. Deschamps, *les Sociétés secrètes et la Société, ou philosophie de l'histoire contemporaine.* Avignon, Segun; Paris, Baltenweck, 1874-76. 3 vol. in-8.

2

dépouillé de ses vêtements et de ses métaux, argent, monnaie, pour lui *apprendre que le vrai maçon ne doit rien posséder en propre et que le luxe, celui même des vêtements, enfante tous les vices*. On lui donne cependant un tablier, parce que la civilisation ne permet pas l'entière nudité, et pour lui indiquer l'*obligation du travail*. Comment et par qui se trouve-t-il ainsi fait? par la *Nature*. La Maçonnerie ne s'occupe pas du comment. Libre à lui de choisir son créateur et ses ancêtres parmi les singes. On lui apprend seulement que le temple à élever sous la conduite du maître à qui il doit aveuglément obéir, est celui de la *Nature*, et qu'il consiste à effacer *parmi les hommes les distinctions de couleur, de rang, de croyances, d'opinions, de patrie*, et à *anéantir le fanatisme, la superstition et les haines nationales*. C'est un premier travail de déblai, déjà indiqué par le dépouillement des habits et des métaux.

« L'apprenti, instruit de la nature et du but du travail auquel il vient de se vouer par un horrible serment (voir chapitre III), passe au grade de *compagnon*. — Là, on lui fait connaître et on lui remet les outils nécessaires au travail qu'il va entreprendre, toujours sous la conduite du maître. C'est d'abord le *maillet* et le *ciseau*, qui aident à renverser

Nous avons surtout puisé nos documents dans cet ouvrage, le plus important qui ait été publié sur ce sujet. On consultera également avec beaucoup de fruit *la Franc-Maçonnerie et la Révolution*, par le P. Gautrelet (Lyon, Briday, 1872, 1 vol. in-8).

les *obstacles*, à surmonter les *difficultés* et à rendre l'homme *indépendant*; c'est ensuite l'*équerre* et la *règle*, qui représentent fidèlement *l'égalité que l'auteur de toutes choses a établie entre tous les hommes.* On lui apprend ce que signifient les emblèmes de la loge et la loge elle-même. — *La loge est l'image du monde. L'étoile flamboyante, insigne du Vénérable, personnification lui-même du grand prêtre de Jéhovah, est l'image de cet Orus fils d'Isis, cette matière première, source intarissable de vie, étincelle du feu incréé, semence universelle de tous les êtres, feu inné des corps, feu de la nature, auteur de la lumière, cause efficace de toute génération. Sans lui point de mouvement, point d'existence; il est immense, indivisible, impérissable et présent partout. Voilà la première divinité de tous les hommes, dont l'éclat brillant, jaillissant du sein du chaos, en fit sortir l'homme et tout l'univers : voilà le dieu Bel des Chaldéens, l'Oromaze des Persans.* La pierre brute, c'est lui-même, qu'il doit travailler en corrigeant ses défauts et effaçant ses *préjugés*. Au milieu de l'étoile paraît la lettre *G, cette lettre qui par sa forme semble, dit-on, être l'emblème de l'union de la matière à l'esprit,* et forme la première lettre du nom de Dieu dans un grand nombre de langues, et qui vient d'un ancien mot zende, signifiant *lui-même.*

« Pendant qu'apprentis et comp· déblayent ainsi le terrain de l'obsta *préjugés* et élèvent le temple de la nature au Dieu-feu, qui est Isis ou la nature elle-même, sous la conduite infaillible des maîtres, et par l'obéissance à tous leurs ordres, trois des compagnons assassinent le maître conducteur, Hiram, pour lui arracher le mot secret de passe, dont ils n'avaient encore que les premiers éléments.— Ces assassins du maître, représenté dans ce grade par le récipiendaire ou le compagnon fidèle élu pour le remplacer, ont pour noms, dans les grades templiers, Philippe le Bel, Clément V et Noffodei; pour les autres, ce sont les emblèmes de la royauté, de la papauté et de la fidélité qui les sert; chez tous, de l'ambition, de la superstition et de l'ignorance qui croit et se dévoue à l'une et à l'autre.

« La marche du maçon en ce grade en indique l'esprit. On y reconnaît celle du *philosophe* que n'arrêtent pas les *préjugés de son époque. Ses enjambements montrent qu'il sait tout franchir et que pour lui la mort même n'est pas un obstacle.* Il arrive ainsi à la connaissance entière du Dieu maçonnique, « qui se complète et prend *conscience dans* « *l'homme!!* » Ce Dieu se présente au maître maçon sous la forme du delta grec ou du triangle consacré et dont les côtés figurent *les trois règnes de la nature ou Dieu.* Au milieu est l'Iod hébraïque, *esprit animateur ou le feu,* principe générateur, représenté au compagnon par la lettre G, dans l'étoile flamboyante, et qui signifie aussi géométrie et génération. Le premier côté du triangle offert à l'étude de l'apprenti est le règne minéral, symbolisé par le mot de passe *Tubalcaïn*. Le deuxième confié au compagnon est le règne végétal, signifié aussi par le mot de passe *Schebboleth*, qui veut dire *épi*. Le troisième côté, réservé aux études du Maître, est le règne animal; ce qu'enseigne encore le mot de passe *Mac-Bénac, la chair quitte les os*, ou mieux, fils de la putréfaction. C'est là le Dieu de la Maçonnerie tout entier, et ainsi complété il se nomme Pan, Isis, Nature. Il est à lui-même son temple, et ses trois mystères sont : 1º *Tout est formé par la génération;* 2º *La destruction suit la génération dans toutes ses œuvres;* 3º *La régénération rétablit sous d'autres formes les effets de la destruction.* Et partout dominent les deux colonnes, les deux principes soutiens du monde maçonnique et de toutes les loges, *le bien et le mal, Osiris et Typhon, Ormus et Ahrimane*, panthéisme et athéisme, solidarisme et fatalité !

« Les habiles ont donc raison de dire que dans les trois premiers grades se trouve la Maçonnerie tout entière, avec le fond de ses derniers et plus impies mystères (1). »

Mais la pensée essentiellement antichrétienne et destructive de l'ordre social, ébauchée dans les trois premiers grades, dits *grades symboliques*, s'accuse dans les grades suivants, dits *grades philoso-*

(1) Toutes les phrases imprimées en *italiques* sont extraites textuellement de Bazot, Ragon, Clavel et autres auteurs maçonniques autorisés.

phiques, et particulièrement dans ceux de *rose-croix* et de *chevalier kadosh*.

Le grade de *rose-croix* est une parodie de la mort de Notre-Seigneur Jésus-Christ, et l'on affecte de le conférer le vendredi saint. Toutes les cérémonies de la réception, selon les explications mêmes des rituels, ont pour but de représenter le drame du Calvaire comme une allégorie de la destruction et de la génération qui s'opèrent perpétuellement dans la nature. La croix qui y figure n'est plus qu'un *phallus* redoublé ; toutes les interprétations des symboles du grade sont d'une obscénité révoltante. En réalité, c'est une abominable apostasie de la foi chrétienne. Elle est ainsi célébrée par le frère Ragon, l'interprète officiel du Grand Orient (1) :

« Le grade de rose-croix, consacré au triomphe éclatant de la vérité sur le mensonge, de la liberté sur l'esclavage, de la lumière sur les ténèbres ou de la vie sur la mort, sous le voile du culte évangélique développe, couronne et sanctifie tout. Le travail maçonnique est complet et s'arrête ici. » (Dans le rite français.)

Aussi tous les blasphémateurs de la divinité de Notre-Seigneur Jésus-Christ sont particulièrement chers à la Maçonnerie. Après la publication de la *Vie de*

(1) *Cours interprétatif des initiations*, p. 307 et s.

Jésus par Renan, une souscription fut faite dans toutes les loges belges pour offrir une *plume d'or* à l'auteur! Tout récemment, quand son prédécesseur l'Allemand Strauss est mort, le *Bauhütte*, journal maçonnique de Leipzig, célébrait ainsi sa mémoire :

« Il a accompli son grand œuvre! Salut à lui! Un franc-maçon doit se sentir obligé en conscience de tirer des méditations de cet héroïque illuminateur des résolutions fécondes pour l'activité des loges. Des milliers et des millions de frères sympathisaient de cœur avec ce puissant destructeur, qui s'aidait à déblayer le plan sur lequel doit s'élever le temple de l'humanité de l'avenir ! »

Et, comme l'écrivait encore dans le même recueil le F. Conrad :

« Notre adversaire est l'Eglise romano-catholique, papale, infaillible avec son organisation compacte et universelle. C'est là notre ennemi héréditaire et implacable. Si nous voulons être de vrais et honnêtes francs-maçons, si nous désirons faire avancer notre société, nous devons dire tout haut avec Strauss : Nous sommes francs-maçons et rien autre. Les amateurs francs-maçons n'ont point d'avantage pour l'humanité. Ce sont des non-valeurs pour notre société. Chrétiens ou francs-maçons, faites votre choix! »

Voilà comment la Maçonnerie entend l'article de ses statuts selon lequel « elle

« ne s'occupe ni des diverses religions
« répandues dans le monde, ni des cons-
« titutions des États; dans la sphère éle-
« vée où elle se place, elle respecte la foi
« religieuse et les sympathies politiques
« de chacun de ses membres. »

Le *chevalier kadosh* est au point de vue
politique ce qu'est le rose-croix au point
de vue religieux. Ce grade, placé au som-
met de l'échelle (30ᵐᵒ degré, les trois autres
degrés sont purement administratifs), a
été préparé par une série de grades qui res-
pirent tous la guerre et le meurtre. Il s'agit
de venger non plus la mort d'Hiram, mais
celle du grand maître des Templiers, Jacques Molay, condamné par le pape et par
le roi (1)! Arrivé au moment de la réception, une mise en scène, comme en savent
monter les loges, est employée pour frapper
l'esprit de l'initié et lui faire comprendre
qu'il touche aux plus hauts mystères.

« Les emblèmes de ce grade, disent les
rituels, sont une croix et un serpent à trois
têtes. Le serpent désigne le mauvais principe ;
ses trois têtes *seront l'emblème des abus ou*

---

(1) Dans un de ces grades, celui de *chevalier
d'Orient* ou de *chevalier de l'épée*, on voit figurer
sur la décoration ces trois lettres : L. P. D., qui s'in-
terprètent : *Lilia pedibus destrue*, « Foulez les lis aux
pieds.» Ainsi s'accuse la haine plus particulière que
les sociétés secrètes ont vouée aux Bourbons entre
toutes les dynasties royales.

du mal qui s'introduit dans les trois hautes classes de la société. La tête du serpent qui porte *la couronne* indique les *souverains ;* celle qui porte une *tiare* ou une *clef* indique les *papes ;* celle qui porte un *glaive* indique l'armée. Le grand initié qui occupe des positions civiles doit veiller, dans l'intérêt de sa patrie et de la philosophie, à la répression de ces abus. COMME GAGE DE SES ENGAGEMENTS, LE RÉCIPIENDAIRE ABAT AVEC LE POIGNARD LES TROIS TÊTES DU SERPENT. »

Est-ce assez clair ?

Ce grade est représenté à l'envi par les interprètes maçonniques comme le plus important de l'ordre, celui *où tous les voiles tombent.* « Là, le grand drame de la maçonnerie atteint son dénoûment. Les autres grades sont seulement un sanctuaire d'approche. Celui-là est le sanctuaire intime pour lequel le reste est seulement une préparation. »

Aussi ce grade se trouve-t-il dans tous les rites maçonniques sans exception.

Abolition de toute autorité civile, et particulièrement de la royauté ; — destruction de toute autorité religieuse, surtout de l'Eglise catholique ; — négation de la révélation et élimination de l'idée de Dieu en tant qu'il s'agit d'un Dieu justicier et rémunérateur, d'un Dieu personnel et vivant ; — et à sa place faire adorer l'HUMANITÉ : voilà le fond de la Maçonnerie.

A la fin du siècle dernier, quand le travail de préparation fait par les loges fut assez avancé, leur doctrine secrète fut condensée par la secte des *illuminés*. Dans ses grades, cette secte proclamait que l'homme était par nature prêtre et roi, et que le travail de l'*illumination* avait pour objet de le restaurer dans cette double dignité par l'abolition de toutes les institutions qui l'en avaient fait déchoir.

« L'égalité et la liberté, disait le *Code illuminé*, sont les droits essentiels que l'homme, dans sa perfection originaire et primitive, reçut de la nature. La première atteinte à cette égalité fut portée par la propriété. La première atteinte à la liberté fut portée par les sociétés politiques ou les gouvernements. Les seuls appuis de la propriété et des gouvernements sont les lois religieuses ou civiles. Donc, pour rétablir l'homme dans ses droits primitifs d'égalité et de liberté, il faut commencer par détruire toute religion, toute société civile, et finir par l'abolition de la propriété. »

L'esprit de l'Illuminisme a pénétré tous les rites maçonniques et inspire tous les rituels. Un haut maçon (N. J. Mouthan) l'exprimait naguère dans cette apostrophe, qui est comme un écho de la parole de l'antique serpent à nos premiers parents : *Vous serez comme des dieux* :

« L'esprit qui nous anime est un espri

éternel. Il ne connaît ni division de temps ni
d'existence individuelle. Une unité sacrée
règne et gouverne dans le vaste firmament.
Il n'y a qu'une mission, qu'une morale, qu'un
Dieu, oui, qu'un Dieu, *et c'est pourquoi nous
sommes Dieu! L'homme est de la race de
Dieu. L'esprit de l'homme est l'esprit de Dieu,
et l'esprit est indivisible. Nous hommes, nous
formons un tout avec le Grand-Etre.* Tout
aboutit à cette révélation : *Nous sommes
Dieu!... Celui qui se sent être Dieu vit dans
une vie qui ne connaît pas la mort.* »

Assurément la Maçonnerie constituerait
déjà un assez grand danger si elle était
seulement un enseignement permanent
d'impiété et de révolte et comme une con-
trefaçon de l'Eglise. Mais elle est plus que
cela.

III

COMMENT AGISSENT LA MAÇONNERIE
ET LES SOCIÉTÉS SECRÈTES.

« Le secret, disent les constitutions
maçonniques, est le premier caractéristique de l'ordre. » Dès le premier grade,
celui d'apprenti, on exige un serment, qui
est ensuite renouvelé à chaque grade et
dont voici la formule :

« Je jure et je promets de ma propre volonté devant le grand Architecte de l'Univers
et sur mon honneur, de garder un inviolable
silence sur tous les secrets de la Franc-Maçonnerie qui pourraient m'être communiqués,
comme sur tout ce que je pourrais voir faire
et entendre dire dans elle, sous peine d'avoir
la gorge coupée, la langue arrachée, mon
corps mis en pièces, brûlé, et ses cendres
dispersées au vent, et que mon nom soit voué
à une mémoire exécrée et à une éternelle in-
famie. Je promets et je jure de donner assistance à tous les frères maçons, et je jure de
ne jamais appartenir à quelque société, sous
quelque nom, titre ou forme que ce soit, oppo-
sée à la Maçonnerie, me soumettant moi-
même, si je violais ma parole, à toutes les

peines établies pour le parjure. Enfin, je jure
obéissance et soumission aux statuts généraux de l'ordre, aux règlements particuliers
de cette loge et au suprême Grand Orient. »

Les secrets de l'ordre ne sont que rare-
ment révélés aux francs-maçons. Le plus
grand nombre parcourt la série des grades
sans jamais recevoir de révélation. On
lit dans une circulaire adressée en 1794
aux loges allemandes ces paroles significatives : « Vos maîtres devaient vous dire,
« comme nos pères nous l'avaient appris,
« que les secrets de l'association ne peu-
« vent être connus que par *quelques maî-*
« *tres,* car que deviendraient des secrets qui
« seraient connus d'un trop grand nom-
« bref »

Ce serment n'en contient cependant pas
moins la promesse d'une obéissance incon-
ditionnelle et sans réserve aucune, aux
chefs de l'ordre, puis l'engagement de
garder un secret absolu sur tout ce qui
peut être révélé ou surpris dans les loges.

Et qu'on ne traite pas ces serments de
vaine fantasmagorie. Pour la Franc-Maçonnerie et toutes les sectes sorties de son
sein, *la fin justifie les moyens, les plus
grands crimes deviennent vertu,* quand il
s'agit de concourir à la réalisation du
grand but poursuivi. Aussi n'ont-elles
jamais reculé devant l'assassinat, quand

il s'est agi de faire tomber quelqu'un de
ces hommes dont la personne ou le dé-
vouement incorruptible était un obstacle à
leurs desseins, témoin, entre bien d'autres,
le duc de Berry ; Joseph Leu, le chef populaire du Sonderbund ; Garcia Moreno,
l'illustre président de la république de
l'Equateur ; l'archevêque de Quito, empoisonné à l'autel même le vendredi saint.

Mais c'est surtout quand il faut main-
tenir l'obéissance parmi leurs adeptes
que l'assassinat devient entre les mains des
chefs un moyen de gouvernement intérieur.
C'est en vertu de cette loi acceptée
d'avance que tombèrent Kotzebue et Rossi ;
que Nubius, pseudonyme sous lequel se
cachait un grand seigneur italien chef de
la Haute Vente romaine, expia une heure
d'indépendance ; que Louis-Napoléon fut
rappelé par Orsini à l'accomplissement de
ses serments. La terrible loi du serment
maçonnique ne frappe pas seulement les
adeptes de haut rang. En 1826, un simple
journaliste américain, du nom de Morgan,
coupable d'avoir révélé les secrets des
loges, était jeté dans le lac Erié, après
avoir subi d'affreuses mutilations. Les
débats judiciaires ont souvent établi
les exécutions commandées par Mazzini
contre de malheureux *carbonari* qui recu-
laient devant les crimes qu'il leur imposait.

En 1867, le jour de la bataille de Mentana, on trouvait sur le cadavre d'un jeune garibaldien une lettre tachée de sang où il implorait le pardon de sa mère, disant que la certitude d'être tué par les sectaires auxquels il s'était livré le faisait marcher contre sa conscience (1) !

Partant du principe que l'homme est par nature indépendant, souverain, et qu'il est Dieu même, et que toutes les lois divines et humaines sont des usurpations à l'encontre de cette souveraineté primitive, les sectes antichrétiennes en arrivent logiquement à regarder comme permis tous les crimes qui tendent à réaliser leur but :

« Il faut faire rentrer l'homme en possession de ses privilèges, qui sont sa propriété sacrée, a dit un haut maçon, écho de l'enseignemen des loges, de cette liberté, de cette égalité sans lesquelles il ne peut être heureux et dont l'entier recouvrement doit être *par toutes sortes de moyens* l'objet de nos travaux, de nos desseins, avec une fermeté, une persévérance imperturbable, *bien persuadés que tout crime commis pour le bien général devient par cela seul un acte de vertu et de courage, qui doit tôt ou*

_____

(1) A la fin de 1874, le grand maître de la Maçonnerie italienne, Frappoli, a dû, sur un ordre venu de Berlin, donner sa démission de grand maître et a été ensuite enfermé dans une maison d'aliénés (*le Monde*, du 16 décembre 1874).

tard nous en garantir le plein succès (1). »

Tous les principes de conscience, toutes les règles de la société civile, sont subordonnés pour le maçon à son serment d'obéissance à l'Ordre. Dans le discours qu'il lui adresse lors de sa réception, le Vénérable lui dit entre autres choses :

« Les maçons sont obligés de s'assister l'un l'autre par tous les moyens quand l'occasion s'en offre. Les francs-maçons ne doivent pas se mêler dans des conspirations; mais si vous apprenez qu'un maçon s'est engagé dans quelque entreprise de ce genre et est tombé victime de son imprudence, vous devez avoir compassion de son infortune, et le lien maçonnique vous fait un devoir d'user de toute votre influence et de l'influence de vos amis pour diminuer la rigueur de la punition en sa faveur. »

Non-seulement les francs-maçons se soutiennent dans toutes les carrières, procurent à leurs membres des positions avantageuses, de façon à attirer à l'Ordre les ambitieux, et leur livrent ainsi le plus possible les fonctions publiques (2);

(1) *Révélations d'un haut maçon*, publiées en 1825 par M. de Haller dans le *Mémorial catholique*, t. IV, p. 296 et suiv.

(2) C'est en cela que consiste l'assistance fraternelle dont se pare la Maçonnerie et à l'aide de laquelle elle essaye de se faire passer pour une société de bienfaisance. Sans doute, sous des influences locales, quelques loges ont pu se transformer, dans une certaine mesure,

mais encore la maçonnerie enseigne formellement que dans *l'exercice des fonctions
publiques qui leur sont confiées, les francs-
maçons doivent avant tout obéir à leur
serment maçonnique.* C'est ce qu'a rappelé expressément le Grand Orient de Belgique dans une circulaire adressée à toutes
les loges le 1er mars 1856, et ce qu'indiquait aux frères le Grand Orient de
France l'année suivante, sous une forme
plus discrète.

A tort ou à raison, les francs-maçons
comptent beaucoup sur l'influence du lien
maçonnique. Ainsi, il y a quelques mois, les
membres d'une des loges de Bruxelles, étudiant les moyens à employer pour étouffer
la *réaction ultramontaine* (sic), décidaient
de faire des procès aux journaux catholiques et de *les intenter autant que possible devant les tribunaux dans lesquels
les vénérables frères sont assurés de la
majorité.*

Le serment maçonnique dominerait-il
aussi les devoirs militaires ?

Le maréchal Soult, qui sous Napoléon Ier

en sociétés de secours mutuels : mais les instructions
du Grand Orient réclament constamment contre cet
abus. Elles portent qu'il faut en exclure rigoureusement ceux qui ne peuvent payer leurs cotisations et qui
ne viendraient là que pour *tendre la main.* Partout
où le Christianisme est absent, on trouve la haine et le
mépris du pauvre.

avait été un des hauts dignitaires de la
Franc-Maçonnerie, jugeait à propos de
s'en défier une fois qu'il fut devenu ministre de la guerre et président du conseil
sous Louis-Philippe. En 1845, par une circulaire adressée à tous les chefs de corps, il
défendit aux militaires de tout grade de
s'affilier aux loges et de les fréquenter.
Son opinion était si arrêtée sur ce point,
qu'il résista aux démarches les plus pres-
santes faites par le duc Decazes et les
principaux personnages du gouvernement
de Juillet; ce fut un des incidents qui prépa-
rèrent la rupture de la Maçonnerie avec la
royauté de 1830 (1).

Le récit suivant, fait par un franc-maçon
qui raconte l'intervention de la Maçonnerie parisienne en faveur de la Commune,
nous paraît aussi très-significatif :

« Le groupe principal des délégués, au
nombre de quarante environ, franchit les
travaux de la porte Maillot et s'avance, bannières en tête, par la grande avenue de
Neuilly, sur la barricade versaillaise du pont
de Courbevoie. On les suit des yeux avec an-
goisse. Mais décidément les canons de Versailles ont suspendu leur feu. Au pont, le général*** reçoit les délégués et les conduit au

_____

(1) V. cette circulaire et tous les incidents auxquels
elle donna lieu dans l'*Orient, revue universelle de la
F∴ M∴*; Paris, 1845, p. 225, 292.

général commandant supérieur des opérations
sur ce point. Trois délégués seulement, les
frères Thirifocq, Fabrequette et Levacque,
eurent la permission de passer, les yeux
bandés, les lignes versaillaises. *Le général***,
franc-maçon lui-même, accueillit ses frères
avec déférence, courtoisie, et par les saluts
maçonniques;* mais il leur déclare qu'il n'est
que le soldat, le bras qui exécute. *Il a pu
prendre sur lui d'arrêter le feu, à la vue
des bannières maçonniques,* mais il n'a pas
le pouvoir d'accorder une trêve bien longue.
Il engage donc les frères à envoyer des députés à Versailles. Il met une voiture à leur
disposition, et deux des dignitaires se met-
tent aussitôt en route pour aller trouver le
chef du pouvoir exécutif. Vers cinq heures
trente minutes du soir, le feu cesse définitivement du côté de Versailles. On parlemente,
et les deux délégués de la Franc-Maçonnerie
se rendent à Versailles. Il est convenu de
part et d'autre que le feu ne pourra être
repris qu'après le retour des délégués (1). »

Nous ne doutons pas qu'en cette circons-
tance le général *** n'ait concilié les règlements militaires avec la fraternité maçonnique. Ce que nous relevons, c'est la
confiance que les francs-maçons mettaient
dans le déploiement de leurs insignes et
l'effet qu'ils en attendaient sur les militaires affiliés à l'ordre.

(1) *Les Francs-Maçons et la Commune de Paris.
Du rôle qu'a joué la Franc-Maçonnerie pendant la
guerre civile* (Paris, Pentu, 1871, in-12).

La grande majorité des francs-maçons, il est vrai, n'est pas appelée à conspirer. La plupart n'ont pas conscience de l'œuvre antichrétienne et antisociale à laquelle ils concourent comme des comparses.

Le développement donné à l'explication des rites et des symboles varie beaucoup selon les loges et les milieux où elles opèrent. Les hauts grades furent primitivement créés pour être des arrière-sanctuaires, où les chefs de la Maçonnerie pouvaient se concerter. Mais peu à peu ces grades sont devenus si communs, qu'un rituel moderne a pu dire : « Aucun grade n'enseigne ni ne dévoile la vérité ; seulement ils dissipent le voile. Les grades pratiqués jusqu'à ce jour ont fait des maçons, et non des initiés .»

Les véritables chefs de la Maçonnerie se dissimulent dans certaines fonctions administratives peu apparentes, d'où ils dirigent toutes choses sans être connus de la plupart des frères.

Les hautes dignités, telles que celle de grand maître des Orients nationaux, sont confiées à des personnages politiques marquants, à des princes du sang même, qui servent à couvrir l'Ordre. Ce sont ceux-là naturellement qui en connaissent le moins les secrets. Le baron d'Haugwitz, qui pendant de longues années avait été à la tête des loges prussiennes et polonaises, s'est aperçu, à la fin de sa carrière, qu'il avait travaillé à propager la Maçonnerie sans connaître ce à quoi il s'employait. La lecture des livres des *illuminés*, rapprochée de certains indices recueillis dans ses fonctions de ministre, lui révéla seulement ce redoutable secret.

En fait, la direction suprême des sociétés secrètes de l'Europe, et peut-être du monde entier, appartient à un très-petit nombre de personnages. Un des hommes qui ont joué un rôle très-actif dans les révolutions contemporaines, Henry Misley (1), écrivait à un de nos amis :

« Je connais un peu le monde, et je sais que, dans tout ce grand avenir qui se prépare, il n'y en a que quatre ou cinq qui tiennent les cartes. Un plus grand nombre croient les tenir, mais ils se trompent! »

Les Juifs sont toujours en majorité dans ce conseil suprême : c'est M. Disraéli, premier ministre de la Grande-Bretagne, qui nous l'apprend :

« Le monde est gouverné par de tout autres personnages que ne se l'imaginent ceux dont l'œil ne plonge pas dans les coulisses. Cette diplomatie mystérieuse de la Russie, qui est la terreur de l'Europe occidentale,

(1) Sur Henri Misley, voir l'ouvrage cité : *les Sociétés secrètes et la société*, t. I, p. 21.

est organisée par les Juifs, et ils en sont
les principaux agents... Cette puissante révolution qui, actuellement même, se prépare
et se brasse en Allemagne, où elle sera de
fait une seconde réforme plus considérable
que la première et dont l'Angleterre sait encore si peu de chose, se développe tout entière
sous les auspices du Juif (1). »

Lord Palmerston fut, pendant de longues
années et jusqu'à sa mort, un de ces quatre
ou cinq grands chefs des sociétés secrètes,
et c'est autour de lui qu'ils se réunissaient.

Sous la direction de ces hommes, direction transmise par des intermédiaires
multiples, le grand nombre des francs-maçons est comme une masse inerte, qui sert
cependant à deux choses : à remplir le tré-
sor de la secte par leurs contributions an-
nuelles et les droits de réception, qui sont
considérables, puis à faire l'*opinion publique*. « Il n'est pas difficile de comprendre,
dit un auteur maçonnique, que la société
des francs-maçons parlant ouvertement
est précisément une conspiration per-
manente contre le despotisme politique et
le fanatisme religieux. »

Ces francs-maçons, qui par le seul
fait de leur affiliation ont rompu avec

---

(1) *Coningsby* (Paris, 1811, in-8), p. 181. V. aussi le cu-
rieux ouvrage de M. Gougenot des Mousseaux : *le Juif,
le Judaïsme et la Judaïsation des peuples chrétiens*
(Paris, 1869, in-8), p. 310 et suivantes.

l'Église, reçoivent l'impulsion et la direction intellectuelle dans les loges. Suivant les mots d'ordre transmis, on traite dans les loges tel ou tel sujet en rapport avec les questions du jour (1). Dans les élections, ils votent pour les candidats qui ont l'appui de la Maçonnerie et qui sont désignés par les chefs. Comme fonctionnaires publics, ils couvrent leurs frères. Comme journalistes, comme professeurs, comme écrivains, ils répandent partout l'enseignement de la Maçonnerie (2).

(1) Le *Monde maçonnique* (numéros de janvier et avril 1876) donne la liste des sujets traités cet hiver dans les loges de Paris. Nous remarquons entre autres les sujets suivants : *la morale humaine ; un discours de Jean-Jacques ; nécessité d'affranchir la morale du dogmatisme religieux ; Diderot et son temps : des croyances dans l'antiquité et jusqu'aux temps modernes ; le progrès de l'esprit humain ; la morale et l'éducation chez les jésuites ; conférence sur les deux morales ; étude sur Paul-Louis Courrier ; étude sur l'instruction qu'un maçon doit donner à ses enfants au point de vue religieux ; étude sur le mariage ; la philosophie positive ; devoirs des frères délégués pour recueillir des renseignements sur les profanes proposés à l'initiation,* etc., etc.

MM. Erkman et Chatrian, les auteurs bien connus de romans révolutionnaires, sont au nombre des conférenciers les plus actifs des loges maçonniques.

(2) Le rôle de la presse dite *libérale* est assez connu, et tout le monde sait comment elle seconde l'œuvre de la Maçonnerie. Ce que l'on sait le moins, c'est que beaucoup d'écrivains en renom, à commencer par MM. Cousin et Matter, ont puisé leurs théories historiques et philosophiques dans l'enseignement des loges et l'espèce de fausse tradition qui y est conservée. L'ouvrage du P. Deschamps est plein de rapprochements instructifs sur ce sujet.

Voici par exemple, un pays profondément catholique, le *Chili*. Il n'a rien à faire du mouvement d'idées issu de la révolution française. Il vit en paix sur sa tradition propre et sa religion ; mais des hommes qui ont voyagé et recueilli la contagion du mal ont fondé des loges. Or ces loges vont s'appliquer sans relâche à propager des idées qui spontanément ne se seraient jamais produites. Voyez plutôt le *plan des travaux* de la grande loge du Chili, tel qu'il est rapporté dans le *Monde maçonnique* (n° de janvier 1876).

ART. 1. En outre des commissions actuelles, il y aura, dans la grande loge, des comités de travaux.

ART. 2. Les comités seront intitulés : section d'instruction, section de bienfaisance, section de propagande et section de fraternité maçonnique.

ART. 3. La section d'instruction s'occupera : 1° *de fonder des écoles laïques ;* 2° d'accorder son concours à toutes les sociétés qui ont pour objet de donner l'instruction gratuite aux pauvres ; 3° d'aider au progrès de toutes les institutions scientifiques, littéraires et artistiques, qui existent dans le pays ; 4° *de faire des conférences populaires pour la propagation des connaissances tendant à faciliter le progrès de l'humanité.*

ART. 4. La section de bienfaisance s'occupera : 1° d'aider à la fondation d'hôpitaux, etc. ; 2° de donner son *appui direct ou indirect à toutes les institutions de cette nature dans lesquelles on ne poursuit pas un but égoïste ou sectaire (c'est-à-dire catholique).*

ART. 5. La section de propagande devra 1º défendre et faire connaître par la presse les véritables idées de la Maçonnerie; 2º *travailler à introduire dans les institutions publiques les principes de liberté, d'égalité et de fraternité, et spécialement à amener la séparation de l'Eglise avec l'Etat, à faire établir le mariage civil, à combattre les privilèges, à séculariser la bienfaisance, à soutenir les victimes de l'intolérance religieuse.....; 4º* en général, s'occuper de tout ce qui peut faire de l'humanité une seule famille. »

Grâce à une propagande de ce genre, on verra infailliblement se produire chez ce peuple un malaise sourd, puis des aspirations vers un autre ordre de choses, et tout sera bientôt prêt pour une révolution !

Ce qui va se passer au Chili s'est passé il y a cinquante ans, il y a cent ans, chez les peuples de l'Europe. C'est ainsi que s'élabore l'*esprit moderne*. Du reste, il arrive un moment où une société est tellement imprégnée d'idées fausses, que toutes les erreurs se propagent comme d'elles-mêmes par la seule logique du mal, sans que les loges aient besoin d'une action actuelle (1).

(1) Un illustre publiciste, M. Le Play, a signalé

Mazzini, le grand agitateur, comprenait bien l'utilité des loges et de toutes les associations *libérales*, même composées d'honnêtes bourgeois.

« Associer, associer, associer, disait-il, tout est dans ce mot. Les sociétés secrètes donnent une force irrésistible au parti qui peut les invoquer. Ne craignez pas de les voir se diviser; plus elles se diviseront, mieux ce sera; *toutes vont au même but par un chemin différent*. Le secret sera souvent dévoilé : tant mieux. Il faut du secret pour donner de la sécurité aux membres, mais il faut une certaine transparence pour inspirer la crainte aux stationnaires. Quand un grand nombre d'associés, recevant le mot d'ordre pour répandre une idée et en faire l'opinion publique, pourront se concerter pour un moment, ils trouveront le vieil édifice percé de toutes parts et tombant comme par miracle au moindre souffle du progrès. Ils s'étonneront eux-mêmes de voir fuir devant la seule puissance de l'opinion les rois, les seigneurs, les riches, les prêtres qui formaient la carcasse du vieil édifice social. Courage donc et persévérance (1). »

avec une haute perspicacité l'influence funeste qu'exercent de nos jours certains mots mal définis, tels que ceux de *liberté, d'égalité, de démocratie, de progrès, de civilisation*. Les loges maçonniques sont les officines où retentissent sans cesse ces mots creux et sonores et où s'élaborent incessamment les idées fausses auxquelles ils servent de véhicules.

(1) Cité par Lubienski, *Guerres et Révolutions d'Italie*, p. 41.

Faire sortir l'homme de la famille est une des tactiques constantes des sectes dans les pays chrétiens. Là où elles sont devenues définitivement maîtresses du terrain, elles s'attachent à détruire la famille elle-même et à corrompre la femme. C'est l'objet des loges *androgynes*, ou loges de femmes, des *tenues d'adoption*, où les maçons font adopter leurs enfants par les loges pour les séparer dès l'adolescence de l'Eglise, enfin des bals auxquels les frères sont invités à conduire leurs femmes, sous prétexte de fêtes de bienfaisance, mais en réalité pour leur apprendre à se soustraire aux *influences cléricales*. Qu'on en juge par les discours hypocrites adressés par les frères Barré et Teissier aux dames invitées à des soirées maçonniques.

« Laissez-moi espérer, dit l'un d'eux, que désormais vous deviendrez nos auxiliaires les plus puissants, vous qui êtes appelées à diriger les consciences au début de la vie. Vous ne permettrez pas, maintenant que vous nous connaissez et que vous pouvez apprécier la sublimité des principes dont nous sommes les défenseurs et les propagateurs, *vous ne permettrez pas que ces jeunes êtres* dont l'éducation vous est confiée, *soient exposés aux dangers d'un enseignement qui pervertirait leur cœur et leur intelligence.* Vous ne permettrez pas non plus qu'aucun de ces chers petits enfants soit retenu dans l'ignorance par ceux qui l'exploitent à leur profit. »

« L'instruction de la femme se perfectionne de jour en jour, leur dit l'autre, après mille calomnies contre le clergé catholique, et à mesure que la lumière se fera dans son esprit, elle cherchera à pénétrer plus avant dans ce qui n'est encore que mystère pour elle, et *se détachera ainsi des croyances inculquées à ses premières années* (1). »

Voilà le travail accompli par la Maçon-- nerie ostensible et *honnête !* Les desseins ultérieurs des sectes, ceux qui exigent une action positive, sont réalisés au moyen de sociétés secrètes particulières, organisées pour un but déterminé. C'est ainsi que le Carbonarisme et l'Internationale sont sortis successivement de la Franc-Maçon- nerie (v. chap. VII et IX). Si le mouvement échoue, les loges désavouent les frères qui ont travaillé sous un autre nom, et elles reprennent leur œuvre avec plus de circonspection.

« Les loges maçonniques sont un lieu de dépôt, une espèce de haras, un centre par lequel il faut passer avant d'arriver à *nous*, écrivait en 1822 à ses complices un Juif, membre de la Haute Vente romaine. Les loges ne font qu'un mal relatif, un mal tempéré par une fausse philanthropie et par des chansons encore plus fausses, comme en France. Cela est trop pastoral et trop gastronomique, mais

(1) V. le *Monde maçonnique*, mars 1876.

cela a un but qu'il faut encourager sans cesse. En lui apprenant à porter arme avec son verre, on s'empare ainsi de la volonté, de l'intelligence et de la liberté de l'homme. On le dispose, on le tourne, on l'étudie. On devine ses penchants, ses affections et ses tendances; quand il est mûr pour nous, on le dirige vers la société secrète, dont la Franc-Maçonnerie ne peut être que l'antichambre assez mal éclairée.

« La Haute Vente désire que, sous un prétexte ou sous un autre, on introduise dans les loges maçonniques le plus de princes et de riches que l'on pourra...... Une fois qu'un homme, qu'un prince même, un prince surtout aura commencé à être corrompu, soyez persuadés qu'il ne s'arrêtera guère sur la pente. Il y a peu de mœurs, même chez les plus moraux, et l'on va très-vite dans cette progression. Ne vous effrayez pas de voir les loges florissantes, lorsque le Carbonarisme se recrute avec peine. C'est sur les loges que nous comptons pour doubler nos rangs; elles forment à leur insu notre noviciat préparatoire; elles discourent sans fin sur les dangers du fanatisme, sur le bonheur de l'égalité sociale et sur les grands principes de liberté religieuse. Elles ont entre deux festins des anathèmes foudroyants contre l'intolérance et la persécution. C'est plus qu'il n'en faut pour nous faire des adeptes. Un homme imbu de ces belles choses n'est pas éloigné de nous; il ne reste plus qu'à l'enrégimenter (1). »

(1) Cité par Crétineau-Joly, *l'Église romaine en face de la Révolution.*

Le rôle joué par les loges et les sociétés populaires qui existent en dessous d'elles, est plus ou moins actif selon les temps. Quand la Révolution a triomphé et est maîtresse de la rue, elles sont remplacées en partie par l'agitation publique, par les *clubs* de toute sorte; les loges renoncent alors jusqu'à un certain point à leur secret et aux formes mystérieuses qui leur sont imposées, quand elles ont contre elles la forme gouvernementale. Mais il ne faut pas croire pour cela que les *sociétés secrètes* désarment. Elles concentrent leur action dans les hautes régions de la politique, laissant le mal se faire en bas comme de lui-même, mais en en conservant toujours la direction suprême.

Mettre les *droits de l'homme* à la place de la *loi divine*, établir le règne de l'humanité à la place de celui du Créateur, c'est là, nous l'avons vu (chap. II), le but suprême des sociétés secrètes, celui qu'elles poursuivent dans toutes les situations et sous toutes les formes politiques. Pour y arriver, elles ont besoin de renverser les gouvernements légitimes, toutes les bonnes coutumes, de pervertir les bases mêmes de l'ordre social, et jusqu'au langage des peuples; mais elles s'acharnent surtout contre l'Église catholique, qui est non-seulement l'instrument essentiel du règne de

Dieu sur la terre, mais encore la gardienne de l'ordre même purement naturel.

Toutes les sectes sont d'accord sur ce but de leurs efforts ; seulement, comme à leur haine satanique contre Dieu se mêlent toutes sortes de passions et de convoitises, elles se divisent souvent entre elles sur les moyens à employer et sur le point où elles voudraient s'arrêter dans leur œuvre de destruction.

Les révolutionnaires de haute lignée, les habiles, ceux qui ont su arriver les premiers à la fortune et aux honneurs, cherchent à concentrer leurs coups contre l'Eglise et la religion. Ils voudraient conserver dans la société un ordre purement matériel, autant parce qu'ils en recueillent les avantages que parce qu'ils connaissent la réaction inévitable des intérêts froissés par la démence des révolutionnaires *qui vont jusqu'au fond.* Volontiers même, ils conserveraient l'Eglise comme un établissement humain, et se contenteraient de la corrompre pour s'en faire un instrument de règne tel que l'anglicanisme, le schisme russe, l'évangélisme prussien. Ce fut là le rêve de Frédéric de Prusse, des deux Napoléon, de Louis-Philippe et du comte de Cavour ; c'est encore celui de M. de Bismarck. Ayant étouffé la foi dans leurs cœurs, ils ne tiennent plus compte de l'assistance surnaturelle dont l'Eglise est l'objet, et à la vue de toutes les portes que leur ont ouvertes l'or et l'intrigue, ils s'imaginent qu'avec un redoublement d'efforts et d'habileté ils viendront à bout de cette force immatérielle qui leur résiste toujours. Mais leurs desseins sont constamment déjoués ; la corruption peut trouver prise sur des ecclésiastiques isolés, elle ne peut pénétrer l'Eglise. Celle-ci, fidèle à sa mission divine, et défendue dans sa foi et dans son chef contre tous les assauts humains, déjoue les complots le plus habilement ourdis ; et, soit dans les Catacombes, soit sous la protection d'un pouvoir temporel légitimement acquis, elle ne cesse jamais de revendiquer contre les corrupteurs et les persécuteurs hypocrites ou déclarés, ce gouvernement des âmes qui est l'objet de la convoitise éternelle des sectes.

D'ailleurs ces révolutionnaires à hautes vues et à profonds desseins sont incessamment poussés par les flots pressés des révolutionnaires, qui ne sont pas encore satisfaits et veulent s'attaquer à des objets plus tangibles que l'Eglise, faire des ruines plus profitables pour eux que la destruction des croyances et des mœurs. Une fois déchristianisées, les masses réclament l'égalité absolue et le droit à toutes les jouissances. Un des insurgés des journées de

juin 1848, le disait avec un cynisme brutal :
« Quarante-huit heures de pillage et de
« robes de soie, voilà le programme. »

C'est ainsi que la République marche
derrière les monarchies libérales ou les
césarismes démocratiques, et la Commune
derrière les républiques conservatrices.

Unies tant que l'édifice social chrétien
est debout, les différentes couches des sociétés secrètes entrent en lutte quand elles
croient avoir triomphé définitivement, et
elles défont souvent leur œuvre, anti-
cipant ainsi par leur propre confusion
l'heure des justices divines.

Ces rivalités et ces mouvements, tantôt
parallèles, tantôt opposés, sont un des
éléments les plus importants, et quelquefois les plus difficiles à apprécier, de l'action des sociétés secrètes dans l'histoire
contemporaine.

IV

L'ORIGINE DES SOCIÉTÉS SECRÈTES, LEUR ACTION AU XVIIIᵉ SIÈCLE.

Le mystère a toujours eu un attrait particulier pour la nature humaine. Aussi l'existence d'associations secrètes est-il un fait vieux comme le monde. Partout dans l'antiquité, dans l'Inde et dans l'Égypte, comme en Grèce et à Rome, il y a eu, à côté des cultes publics, des initiations occultes, où quelques vérités, reste de la tradition primitive, se transmettaient au milieu de beaucoup de pratiques superstitieuses.

Les écrivains officiels de la Franc-Maçonnerie prétendent parfois la faire remonter jusqu'à ces *mystères*, mais rien ne justifie cette hypothèse.

La véritable origine de la Maçonnerie se trouve dans les nombreuses hérésies qui au moyen âge approprièrent le gnosticisme au génie des peuples occidentaux. Tels furent les cathares, les patarins, les Albigeois. Comme les francs-maçons, ils

s'attaquaient à l'ordre social, à la légiti-
mité du pouvoir politique, à la propriété,
à la famille non moins qu'aux dogmes catholiques ; comme eux aussi, ils prétendaient vivre au milieu de la société chrétienne sans se séparer d'elle, alors qu'ils
la ruinaient par leur doctrine secrète et
par le désordre de leurs mœurs. Les puissances civiles et la papauté s'unirent pour
extirper ces hérésies ; mais des restes vi-
vaces purent s'en conserver dans certaines
provinces, à l'état de groupes recrutés
par une initiation mystérieuse. Le grand
nombre de corporations et de confréries
de toute sorte qui existaient alors, les libertés locales dont on jouissait à ces époques, enfin les troubles du xiv° siècle ren-
dirent possible cette conservation. De
graves écrivains, tels que Hurter, ont
constaté non-seulement l'identité des doctrines des Albigeois avec celles de la Maçonnerie, mais encore la similitude de leur
organisation et jusqu'à celle de leurs
grades.

Tous ces mauvais éléments prirent une
consistance plus grande dans l'ordre du
Temple. Institué en 1118 pour défendre la
terre sainte, cet ordre avait acquis en peu
d'années une puissance considérable, et
couvrait l'Europe de ses manoirs et de ses
commanderies. Malheureusement ses che-

valiers se laissèrent séduire en Orient au contact des musulmans et des sectes gnostiques ou cabalistes, et une doctrine secrète, en opposition complète avec les principes du christianisme, prévalut dans l'ordre. Ce fut ce qui amena sa suppression au concile de Vienne en 1312.

Dès que les francs-maçons ont commencé à se produire au grand jour, ils ont affirmé, en se fondant sur des traditions soigneusement conservées chez eux, qu'ils étaient la continuation des templiers. Cette filiation, qui paraît fondée, peut seule expliquer la sympathie posthume qu'ont inspirée les chevaliers du Temple à la plupart des historiens et des littérateurs à partir du xviiie siècle.

Les pièces authentiques de leur procès ne laissent guère de doute sur leur culpabilité, et M. Michelet lui-même, qui a publié les plus importantes, a dû en convenir. En entrant dans l'ordre, la plupart reniaient Jésus-Christ et foulaient aux pieds la croix. Ils reconnaissaient à leurs chefs laïques la plénitude du pouvoir spirituel, notamment celui de les absoudre de leurs péchés, et ils s'engageaient à se soumettre aux pratiques les plus abominables.

Après l'abolition de l'ordre, quelques-uns de ses tronçons se reconstituèrent sous divers noms en Portugal, en Suède, en Ecosse, et, plusieurs siècles après, on retrouve dans ces pays la trace de leur haine secrète, mais persévérante, contre l'Eglise.

En France, la foi catholique était si fortement enracinée, que, pas plus que les Albigeois, les templiers ne laissèrent de traces appréciables. On le vit bien par l'énergie avec laquelle toutes les classes, le peuple surtout, repoussèrent l'hérésie protestante. C'est de l'étranger que devait, au XVIII° siècle, nous venir l'invasion du mal par les sociétés secrètes.

En Angleterre et en Allemagne notamment, la tradition de haine contre l'Eglise s'était toujours maintenue dans l'ombre. Les templiers, dès le temps de leur puissance, avaient pénétré les sociétés ouvrières de *francs-maçons*.

Ces associations, remontant à une époque fort ancienne, existaient depuis longtemps sous la protection de l'Eglise et avaient construit dans toute l'Europe les magnifiques cathédrales que nous admirons encore. Elles jouissaient de grands priviléges et se ramifiaient dans la chrétienté entière. Comme toutes les corporations, elles avaient une hiérarchie composée des trois grades *d'apprenti*, de *compagnon*, de *maître*, selon le degré de

perfection dans son art auquel l'ouvrier était
arrivé. Elles conservaient, au moyen d'un
secret, certains procédés traditionnels qui
assuraient leur supériorité. Ce secret et ce
caractère cosmopolite en faisaient un instrument tout préparé pour les ennemis de
l'ordre chrétien, le jour où ils parvien-
draient à s'emparer de leur direction. C'est
ce qui arriva quand le nombre des personnes étrangères à la pratique de l'archi-
tecture se multiplia dans les corporations
maçonniques. De là tous ces symboles et
tous ces insignes tirés de l'art de bâtir.

Ces associations et les restes des templiers secondèrent de toutes leurs forces la
grande révolte protestante du XVIᵉ siècle,
À partir de cette époque, l'on voit les
francs-maçons jouer un rôle politique appa-
rent en Angleterre. Ils furent un des principaux instruments de la révolution de
1649 et de la dictature de Cromwell (1).

Plus tard, après 1688, les partisans des
Stuarts essayèrent de mettre au service
des princes légitimes la puissance de cette
association occulte; ils introduisirent dans
les loges et créèrent un rite nouveau. Le
chevalier de Ramsay le propagea en France,
où Jacques II était réfugié, et ce fut ainsi
que la Franc-Maçonnerie pénétra dans notre

---

(1) V. Lecouteux de Canteleu, *les Sectes et les Sociétés secrètes, essai sur leur histoire*, p. 101.

pays sous le voile d'un dessein honorable.
D'autres fois encore, des partis honnêtes
ont cherché à s'emparer de la Maçonnerie; mais la force propre des principes
inhérents à cette association a toujours
rendu ces tentatives stériles et les a au contraire fait servir à propager et à répandre
le mal dans des milieux où il n'eût pas pénétré sans cela. Ainsi en fut-il à cette
époque. L'influence des stuartistes dans les
loges fut éphémère, et la direction de
celles mêmes qu'ils avaient créées ne tarda
pas à passer aux mains d'hommes dont
les projets et le but étaient tout autres.

En 1717, les loges anglaises, réunies pour
rédiger de nouveaux statuts, affirmèrent
pour la première fois dans un document
public l'hostilité contre le christianisme po-
sitif ou la révélation, qui était le fond de
leur doctrine, et peu après on vit sortir de
leur sein cette école des *déistes anglais*,
les Toland, les Collins, les Woolston, les
Tindal, les Bolingbroke, les Hume, qui, les
premiers dans le monde chrétien, prêchè-
rent dogmatiquement l'impiété et trouvè-
rent bientôt des disciples et des continua-
teurs dans Voltaire et les encyclopédistes.

En même temps, à la faveur de la licence
générale d'idées et de mœurs due au ré-
gent Philippe d'Orléans, les loges maçonniques se multipliaient à la Cour et à Paris.

Leurs cérémonies mystérieuses attiraient les grands seigneurs frivoles, et elles étaient pour les littérateurs et les financiers remuants de l'époque un moyen de pénétrer dans un monde supérieur et d'augmenter leur influence sociale. Bientôt des loges de femmes furent créées et détruisirent dans les foyers de beaucoup de grandes familles ces vertus chrétiennes et ces traditions domestiques qui sont les plus solides fondements des États.

Les complots qui devaient éclater cinquante ans plus tard, commençaient dès lors à se nouer au milieu des orgies et des débauches de l'impiété. En 1729, le chevalier de Folard, cédant à la voix du remords, de disciple zélé de la Franc-Maçonnerie devint son dénonciateur courageux ; il la signala comme une secte d'autant plus digne de fixer l'attention des souverains que, dans l'ombre du mystère, elle couvait une révolution qui devait frapper du même coup toutes les puissances légitimes. On ne prit d'abord pas garde à ses révélations, tant la conspiration paraissait invraisemblable. Cependant les symptômes se multiplièrent, et le cardinal de Fleury, le sage ministre de Louis XV, interdit formellement la Franc-Maçonnerie. Quelques années après, en 1738, le pape Clément XII lança une bulle d'excommu-

nication contre les francs-maçons, après
avoir pris les longues et consciencieuses
informations qui précèdent les actes de ce
genre. Successivement tous les gouvernements de l'Europe, même protestants, dé-
fendirent leurs réunions, à l'exception de
l'Angleterre, où les classes dirigeantes
étaient généralement affiliées à l'ordre, et
pensaient en faire un instrument pour la
politique nationale sur le continent.

En France, les défenses royales restèrent malheureusement une lettre morte.
Dès cette époque, la magistrature parlementaire, prédisposée à toutes les révoltes
et à toutes les hypocrisies par l'hérésie
janséniste, s'était en grande partie affiliée
aux loges. Aussi ceux qui étaient chargés
de sévir contre la Maçonnerie s'employè-
rent activement à la protéger (1). Un peu

(1) V. dans la *Revue des questions historiques*,
t. XVIII, une série de documents officiels, datant de 1737
à 1761, publiés par M. Ch. Gérin sous ce titre : *les Francs-
Maçons et la Magistrature française au XVIIIᵉ siècle.* « Une tradition de mollesse, de connivence, d'impu-
nité s'établit peu à peu, dit l'érudit écrivain. Les magistrats de province, plus fidèles aux enseignements de
l'Eglise et aux vieilles mœurs, importunaient souvent
de leurs révélations les chefs de l'ordre judiciaire et le
gouvernement. Mais les réponses qu'ils recevaient de
Paris étaient peu propres à entretenir leur zèle, et on
les blâmait même quelquefois des mesures les plus légitimes qu'ils prenaient pour conserver la preuve des dé-
lits. » Sur l'alliance des jansénistes avec les philosophes et les francs-maçons, v. Crétineau-Joly, *l'Eglise
romaine en face de la Révolution*, livre I.

plus tard, le vertueux Malesherbes, fasciné par le vertige du temps, se servait de ses fonctions de directeur de la librairie pour faire pénétrer en France les livres les plus hostiles à la monarchie et à la religion, qui étaient condamnés par la justice, alors que le devoir de sa charge était de les arrêter.

A la faveur de ces connivences et de ces défaillances, un nombre considérable de loges existaient à Paris et dans les provinces à la fin du règne de Louis XV. Leur action, présente partout, explique le prodigieux succès qu'avaient les œuvres les plus médiocres de ces sectes de lettrés qui s'appelaient eux-mêmes les *économistes* et les *philosophes*, et qui battaient en brèche toutes les institutions avec les armes les plus diverses. Il y avait alors aussi des évêques éloquents et des écrivains habiles qui se vouaient à la défense de la religion et des traditions nationales. Mais aucun écho ne leur répondait, et leur voix était étouffée par la conspiration du silence. Seuls les détracteurs de l'Église et de la royauté trouvaient partout des applaudissements commandés et des comparses officieux. Ainsi se fit cette tyrannie du *roi Voltaire*, qui pesa si lourdement sur tout le siècle.

La proscription simultanée des jésuites

dans tous les Etats catholiques fut un premier triomphe pour les sectes. Elles se dé-
barrassèrent par là d'un ordre dont la
science, la fidélité et la force d'organisation
étaient un obstacle invincible à leur grand
projet de faire pénétrer la Révolution dans
l'Eglise, ou plutôt de la faire réaliser par
des ministres indignes. En même temps,
les sectes avaient apprécié la facilité qu'il
y a à ameuter l'opinion avec un mot de
guerre contre des fantômes imaginaires, et
elles avaient fait concourir les monarchies
elles-mêmes à leur plan de destruction.
Un pareil succès était fait pour doubler
leur audace, et dès lors les événements se
précipitèrent.

V

LES SOCIÉTÉS SECRÈTES ET LA RÉVOLUTION DE 1789.

Tandis que beaucoup d'écrivains honnêtes, et même catholiques dans une certaine mesure, s'étendent sur les *abus de l'ancien régime* et représentent la révolution de 1789 comme leur conséquence fatale, voici un historien très-avancé dans les sociétés secrètes et expert dans l'art de faire les révolutions, M. Louis Blanc, qui va nous révéler quelle fut la préparation du *grand mouvement de 1789*.

« Il importe, dit-il, d'introduire le lecteur dans la mine que creusaient alors sous les trônes, sous les autels, des révolutionnaires bien autrement profonds et agissants que les *encyclopédistes*. Une association composée d'hommes de tout pays, de toute religion, de tout rang, liés entre eux par des conventions symboliques, engagés sous la foi du serment à garder d'une manière inviolable le secret de leur existence intérieure, soumis à des épreuves lugubres, s'occupant de fantastiques cérémonies, mais pratiquant d'ailleurs la bienfaisance et se tenant pour égaux quoique répartis en trois classes, apprentis, compagnons et maîtres : c'est en cela que consiste la Franc-Maçonnerie. Or, à la veille de la Révolution française, la Franc-Maçonnerie se trouvait avoir pris un développement immense; répandue dans l'Europe entière, elle secondait le génie méditatif de l'Allemagne, agitait sourdement la France et présentait partout l'image d'une société fondée sur des principes contraires à ceux de la société civile.

« Dans les loges maçonniques, en effet, les prétentions de l'orgueil héréditaire étaient proscrites et les priviléges de la naissance écartés. Quand le profane qui voulait être initié, entrait dans la chambre appelée cabinet des réflexions, il lisait sur les murs tendus de noir et couverts d'emblèmes funéraires cette inscription caractéristique : « Si tu tiens aux distinctions humaines, sors, on n'en connaît pas ici! » Par le discours de l'orateur, le récipiendaire apprenait que le *but* de la Franc-Maçonnerie était d'effacer les distinctions de couleur, de rang, de patrie, d'anéantir le fanatisme, d'extirper les haines nationales; et c'était là ce qu'on exprimait sous l'allégorie d'un temple immatériel, élevé au grand architecte de l'univers par les sages des divers climats.

« Ainsi, par le seul fait des bases constitutives de son existence, la Franc-Maçonnerie tendait à décrier les institutions et les idées du monde extérieur qui l'enveloppait. Il est vrai que les constitutions maçonniques portaient soumission aux lois, observation des formes et des usages admis par la société du dehors, respect aux souverains. Il est vrai encore que, réunis à table, les maçons buvaient au roi dans les États monarchiques, et au magistrat suprême dans les républiques. Mais de semblables réserves, commandées à la prudence d'une association que menaçaient tant de gouvernements ombrageux, ne suffisaient pas pour annuler les influences naturellement révolutionnaires, quoiqu'en général pacifiques, de la Franc-Maçonnerie. Ceux qui en faisaient partie continuaient bien à être dans la société profane riches ou pauvres, nobles ou plébéiens; mais au sein des loges, temples ouverts à la pratique d'une vie supérieure, riches, pauvres, nobles, plébéiens devaient se reconnaître égaux et s'appelaient frères. C'était une dénonciation indirecte, réelle pourtant et continue, des *iniquités*, des misères de l'ordre social : c'était une propagande en action, une prédication vivante.

« D'un autre côté, l'ombre, le mystère, un serment terrible à prononcer, un secret à apprendre pour prix de mainte sinistre épreuve courageusement subie, un secret à garder sous peine d'être voué à l'exécration et à la mort, des signes particuliers auxquels les frères se reconnaissaient aux deux bouts de la terre, des cérémonies qui se rapportaient à une histoire de meurtre et semblaient couvrir des idées de vengeance : quoi de plus propre à former des conspirateurs ?...............

« Bientôt se produisirent des innovations d'un caractère redoutable. Comme les trois

grades de la maçonnerie ordinaire compre-
naient un grand nombre d'homme opposés,
par état et par principe, à tout projet de
subversion sociale, les novateurs muliplièrent
les degrés de l'échelle mystique à gravir; ils
créèrent des arrière-loges réservées aux
âmes ardentes; ils instituèrent les hauts
grades d'*élu*, de *chevalier du soleil*, *de la
stricte observance*, *de kadosh*, ou *homme
régénéré ;* sanctuaires ténébreux dont les portes
ne s'ouvraient à l'adepte qu'après une longue
série d'épreuves calculées de manière à cons-
tater les progrès de son éducation révolutionnaire, à éprouver la constance de sa foi, à
essayer la trempe de son cœur. Là, ou milieu
d'une foule de pratiques tantôt puériles, tantôt
sinistres, *rien qui ne se rapportât à des idées
d'affranchissement et d'égalité.*

« Dans le grade de *chevalier du soleil*, par
exemple, lorsqu'une réception avait lieu, le
très-vénérable commençait par demander au
premier surveillant : « Quelle heure est-il ? » et
celui-ci devait répondre : *L'heure de l'obscu-
rité parmi les hommes.* Interrogé à son tour
sur les motifs qui l'amenaient, le récipiendaire
répondait : «Je viens chercher la lumière : car,
mes compagnons et moi, nous nous sommes
égarés à travers la nuit qui couvre le monde.
Des nuages obscurcissent Hespérus, l'étoile
de l'Europe; ils sont formés par l'encens que
la superstition offre aux despotes... »

« C'est aux écoles souterraines dans lesquelles avaient cours de pareils enseignements,
que Condorcet faisait allusion, lorsqu'annon-
çant l'*Histoire des progrès de l'Esprit humain,*

qu'interrompit sa mort, il se promettait de
dire quels coups l'idolâtrie monarchique et la
superstition avaient reçus des sociétés secrètes
filles de l'ordre des templiers (1).

Les sectes n'agissaient pas seulement
par une propagande purement morale. Il
y avait un complot parfaitement formé, et
dont Horace Walpole surprit le secret.

« Le Dauphin (père de Louis XVI), écrivait-
il le 28 février 1765, n'a plus infailliblement
que peu de jours à vivre. La perspective de sa
mort remplit les philosophes de la plus grande
joie, parce qu'ils redoutaient ses efforts pour
le rétablissement des jésuites. Vous parlez
de philosophes en fait de politique ; mais
savez-vous ce que c'est que les *philosophes*,
ou bien ce que ce mot veut dire? D'abord, il
désigne ici presque tout le monde; en second
lieu, il signifie des hommes qui, sous prétexte
de la guerre qu'ils font au catholicisme, *tendent les uns à la destruction de toute religion, les autres, en plus grand nombre, à la
destruction du pouvoir monarchique...* Vous
allez me dire : « Comment savez-vous cela,
vous qui n'êtes en France que depuis six semaines et qui en avez passé trois confiné
dans votre chambre? » — Oui, mais pendant
les trois premières semaines j'ai fait des
visites; partout je n'entendais que cela. Confiné chez moi, j'ai été obsédé de visites et j'ai

(1) *Histoire de la Révolution française*, par Louis
Blanc, t. II, p. 74 à 8'.

eu des conversations longues et détaillées avec bien des personnes qui pensent comme je vous le dis, avec quelques-uns de sentiments opposés et qui n'en sont pas moins persuadés que ce *projet* existe. Dernièrement, j'eus chez moi deux officiers, l'un et l'autre d'un âge mûr. J'eus bien de la peine à les empêcher d'en venir à une querelle sérieuse, et, dans la chaleur de la dispute, ils m'en dirent plus que je n'aurais pu en apprendre par bien des recherches. »

En 1771, le duc de Chartres, plus tard Philippe-Égalité, devint grand maître de la Franc-Maçonnerie, et, avec lui, on put marcher ouvertement au but. Son premier soin fut de donner à l'ordre une organisation vigoureuse et centralisée. Jusque-là les vénérables étaient inamovibles et étaient en quelque façon propriétaires des loges, comme les colonels de leurs régiments. Cette inamovibilité fut supprimée, et toutes les loges furent subordonnées au Grand Orient.

« Là, dit Louis Blanc, fut le point central de la correspondance des loges; là se réunirent et résidèrent les députés des villes que le mouvement occulte embrassait. De là partirent les instructions dont un chiffre spécial ou un langage énigmatique ne permettaient pas aux regards ennemis de pénétrer le sens. Dès ce moment, la Franc-Maçonnerie s'ouvrit jour par jour aux hommes que nous retrouverons au milieu de la mêlée révolutionnaire. »

Un grave historien, le P. Deschamps, s'est attaché avec une rare pénétration à suivre les nœuds divers de cette vaste conspiration. C'est à son travail, fondé sur des documents d'une authenticité rigoureuse, que devra se reporter tout lecteur désireux de connaître à fond la préparation du grand drame de la Révolution. Nous en détacherons ici les faits les plus saillants.

Au commencement du règne de Louis XVI, le principal centre de la conspiration antichrétienne et antisociale se trouvait en Allemagne. Le protestantisme, avec ses mille sectes et la profonde anarchie qu'il avait laissée dans les institutions et dans les esprits, n'y avait que trop préparé le terrain pour les sociétés secrètes. Elles avaient pullulé sous les noms et sous les rites les plus divers, et elles groupaient des hommes de toutes conditions, des bureaucrates, des princes, des seigneurs ecclésiastiques même.

Frédéric II, qui était de la race des grands persécuteurs de l'Eglise, s'était servi de Voltaire et des *philosophes* français pour créer une opinion européenne favorable à ses projets ambitieux. Il avait abaissé le prestige de l'Autriche et commencé la destruction de la Pologne, les deux grandes nations catholiques de l'Europe centrale. Il avait indiqué aux phi-

losophes l'abolition des ordres religieux
et la confiscation de leurs biens comme le
premier pas à faire pour démanteler l'Eglise,
et s'était fait de la propagation de l'impiété chez les peuples rivaux un moyen
de conquête. Un de ses vassaux, le duc de
Brunswick, le futur généralissime de la
coalition, était le grand maître de toutes
les loges maçonniques d'Allemagne.

La renommée de Frédéric II excita
l'émulation du triste fils de Marie-Thérèse.
Joseph II se fit franc-maçon et persécuteur, et inaugura cette oppression légale
de l'Eglise à laquelle son nom est resté
attaché (1). Mais ne se sert pas qui veut
de sociétés secrètes, et il est des hommes,
il est des races, marquées d'un signe meilleur, qui ne peuvent jamais être que leurs
victimes! La catholique maison des Habsbourg est de ce nombre. Joseph II mourut
repentant, et son successeur, Léopold II,
fut, selon toutes les probabilités, empoisonné par les sectaires.

Entre toutes les sociétés secrètes de
l'Allemagne, s'éleva bientôt la secte des *illuminés*, fondée par le Bavarois Weishaupt.

(1) En 1776, Voltaire écrivait à d'Alembert : « Grimm
m'a appris que vous aviez initié l'empereur à *nos saints
mystères.* » Dans beaucoup d'éditions, cette phrase a
été altérée de façon à perdre toute signification précise.
Sur le travail des sectes en Allemagne, voyez une dépêche de Caprera, nonce à Vienne, reproduite par Crétineau-Joly : *l'Eglise romaine en face de la Révolution*, livre I.

Elle se distinguait par la précision des desseins de ses chefs, par les hautes fonctions qu'ils occupaient et par la force de leur organisation. On a vu plus haut (ch. II) que leurs doctrines poussaient jusqu'à son fond l'idée révolutionnaire.

En 1780, sous le prétexte de vérifier les chartes de transmission des différentes sectes qui prétendaient remonter aux templiers, les *illuminés* réunirent toutes les sociétés secrètes de l'Allemagne en un congrès ou *convent* tenu à Willemsbad, dans le Hanau. Le résultat fut d'initier à leurs projets tous les chefs de ces sociétés diverses, qui y étaient d'ailleurs parfaitement préparés, et de les faire passer sous leur direction. Ils comptaient déjà de nombreux adeptes en France, grâce à la propagande qu'avaient faite Saint-Martin, le *philosophe inconnu*, et Cagliostro. Lyon et Avignon étaient des foyers de propagande, qui s'étaient fait représenter au convent de Willemsbad. Un événement décisif fut l'initiation aux mystères des *illuminés* du fameux Mirabeau. Etrange symptôme des temps : cet homme, décrié pour ses mœurs et sous le coup d'une condamnation capitale, était, en 1785, chargé d'une mission diplomatique en Prusse par le gouvernement de Louis XVI ! C'est là qu'il se lia avec les *illuminés*; il comprit tout

de suite le parti qu'il pouvait en tirer pour
son ambition personnelle, et il fut décidé
que *l'explosion révolutionnaire commen-
cerait par la France.*

En 1785, un nouveau *convent*, où les
sectes maçonniques du monde entier étaient
représentées, prépara tout pour une action
immédiate.

La première opération consista à chasser
des loges les honnêtes gens qui s'y trouvaient : on répandit le bruit que la Maçonnerie avait été envahie par les *jésuites*, et
sous ce prétexte on fit une épuration complète.

En même temps un ancien intendant,
Savalette de Lange, fondait à Paris la
loge des Amis réunis, où un comité de
correspondance dirigeait tous les fils de
la Révolution. Le cardinal de Bernis a
conservé dans ses papiers la liste de ses
membres et l'indication de leur propagande
dans le monde entier. Là se réunissaient
entre autres Sieyès, le duc de Biron, le
prince de Broglie, le comte de Praslin,
Lacretelle, les frères Garat, Condorcet,
Clavières, Mirabeau, Barnave, Chapelier,
Duport, Target, Pétion, les frères Lameth,
Boissy d'Anglas, Dupont de Nemours,
Robespierre, le vicomte de Noailles, l'abbé
Grégoire, le duc de La Rochefoucauld-
Liancourt, le comte de Montmorin, Ger-

main, beau-frère de Necker, le marquis de Montalembert, Chamfort, le secrétaire de Talleyrand, Thouret, Beaumarchais, Gouvion, Grimm, Vandermonde, Regnauld de Saint-Jean d'Angely, et, au milieu d'une foule d'avocats ou de parlementaires obscurs, un certain nombre de membres de la noblesse, qui devaient aux Etats généraux abandonner la cause monarchique. Les fonds de cette propagande étaient faits en grande partie par le duc d'Orléans (1).

L'action d'une pareille organisation, se ramifiant dans les provinces par près de 500 loges maçonniques, peut seule expliquer comment se fit la Révolution, malgré le vœu de l'immense majorité des Français.

La partie n'est pas égale assurément entre deux adversaires dont l'un ignore les projets et jusqu'à l'existence de celui qui l'épie dans les ténèbres. Ce fut la situation en 1789, et elle s'est renouvelée trop souvent depuis. Il faut ajouter les sentiments d'enthousiasme, de confiance en la droiture des hommes qui caractérisaient cette génération et dont l'exemple était donné par le bon et généreux Louis XVI. Ces erreurs ne facilitèrent que trop les des-

---

(1) Cette liste se trouve reproduite en entier dans l'ouvrage *les Sociétés secrètes et la Société* (t. I, p.316), d'après les papiers inédits du cardinal de Bernis, dont l'auteur a eu communication.

seins de ceux qui voulaient détruire la monarchie et qui avaient à leur disposition la puissance de l'organisation.

Alors l'on vit se dérouler un spectacle dont les historiens n'ont généralement pas assez relevé les contrastes.

Tandis que l'Assemblée des Notables s'était prononcée à la presque unanimité contre le doublement du tiers, le Roi l'accordait peu de mois après aux instances du Genevois Necker.

Tandis que, dans les assemblées primaires, le tiers état rivalisait avec la noblesse et le clergé pour affirmer sa foi catholique et son attachement au gouvernement monarchique, et en consignait l'expression authentique dans les cahiers, les députés nommés dans ces mêmes assemblées allaient déchirer ces cahiers, *véritables mandats impératifs, en dehors desquels ils étaient absolument sans pouvoirs.* Évidemment dans les opérations électorales, là où l'intrigue cachée a tout pouvoir, les loges avaient pris leur revanche de la rédaction des cahiers monarchiques, qu'elles n'avaient pu empêcher, parce que pour cela il eût fallu affronter une discussion publique et aller ostensiblement contre le sentiment universel de la nation.

Voilà la victime (1), s'était écrié Mira-

(1) Louis Blanc, *Hist. de la Révolution*, t. II, p. 364.

beau, en désignant Louis XVI, le jour de l'ouverture des États généraux, où se trouvaient presque tous les membres de la loge *des Amis réunis.*

La prise de la Bastille ; l'organisation de la garde nationale, créée par Savalette de Lange ; l'Assemblée et le Roi ramenés à Paris par l'émeute triomphante ; la constitution civile du clergé et la spoliation de l'Eglise ; la constitution de 1791 et le pouvoir aux mains des Assemblées ; la destruction des provinces et de toutes les libertés locales ; la persécution religieuse et la domination du club des Jacobins : telles furent les étapes successives de ce drame qui aboutit au régicide, à la terreur universelle, au meurtre juridique de plus d'un million de Français, à la banqueroute et à quinze ans de guerre contre l'Europe entière.

Eh bien, tous ces malheurs, tous ces crimes avaient été préparés et délibérément voulus. Le plan en avait été arrêté dans le *comité de propagande des Amis réunis.*

« Le 21 mai 1789, raconte Bertrand de Moleville, à qui ces détails avaient été confiés par Louis XVI, qui les avait appris de Mirabeau lui-même après son rapprochement de la cour, Adrien Duport avait expliqué les raisons pour lesquelles on pouvait être assuré qu'aucun gouvernement européen ne ferait

une opposition sérieuse à la Révolution, et il
avait esquissé tout le plan de la constitution
de 1791. Après de longues discussions sur ce
mémoire, Lafayette, qui se trouvait aussi à ce
comité, s'il faut en croire Mirabeau, prit la
parole et dit à Adrien Duport : *Voilà sans
doute un très-grand plan ; mais quels sont vos
moyens d'exécution ? En connaissez-vous qui
soient capables de vaincre toutes les résistances auxquelles il faut s'attendre ? Vous
n'en indiquez aucun.* — Il est vrai que je n'en
ai point encore parlé, répondit Adrien Duport
en poussant un profond soupir; j'y ai beaucoup réfléchi..... j'en connais de sûrs.... mais
ils sont d'une telle nature que *je frémis* moi-
même d'y penser, et que je ne pourrai me
déterminer à vous les faire connaître, qu'autant que vous approuverez tout mon plan, que
vous serez bien convaincus qu'il est indispensable de l'adopter, et qu'il n'y en a pas d'autre
à suivre pour assurer non-seulement le succès
de la Révolution, mais aussi le salut de l'État....
Après avoir ainsi excité la curiosité de ses
auditeurs, il ajouta : Ce n'est que par *les
moyens de terreur* qu'on parvient à se mettre
à la tête d'une révolution et à la gouverner.
Il n'y en a pas une seule, dans quelque pays
que ce soit, que je ne puisse citer à l'appui de
cette vérité. Il faut donc, quelque répugnance
que nous y ayons tous, se résigner au sacri-
fice de quelques *personnes marquantes*. Il fit
pressentir que Foulon devait naturellement
être la première victime, parce que depuis
quelque temps, disait-il, on parlait beaucoup
de lui pour le ministère des finances et que
tout le monde était convaincu que sa pre-

mière opération serait la banqueroute. Il désigna ensuite l'intendant de Paris. *Il n'y a qu'un cri,* dit-il, *contre les intendants ; ils pourraient mettre de grandes entraves à la révolution dans les provinces. M. Berthier est généralement détesté : on ne peut pas empêcher qu'il ne soit massacré, son sort intimidera ses confrères, ils seront souples comme des gants...*

« Le duc de La Rochefoucauld fut très-frappé des réflexions d'Adrien Duport et finit, comme tous les autres membres du comité, par adopter le plan et les moyens d'exécution qu'il proposait. Des instructions conformes à ce plan furent données aux principaux agents du comité des insurrections, qui était déjà organisé et auquel Ad. Duport n'était rien moins qu'étranger. L'exécution suivit de près » (1).

M. d'Haugwitz, qui avait pénétré les mystères des sociétés secrètes par de tout autres voies, disait de son côté au congrès de Vérone : « J'acquis alors la ferme conviction que le drame commencé en 1788 et 1789, la révolution française, le régicide avec toutes ses horreurs, non-seulement avaient été résolus alors dans les loges des illumikés, mais encore étaient le résultat des associations et des serments maçonniques. »

Un franc-maçon anglais, John Robison, secrétaire de l'Académie d'Édimbourg, ef-

(1) Bertrand de Moleville, *Hist. de la Révolution*, t. IV, p. 181 et suiv.

frayé des crimes de la Révolution française, dénonça leur origine première dans
un livre publié en 1797 sous ce titre :
*Preuves des conspirations contre toutes
les religions et tous les gouvernements de
l'Europe, ourdies dans les assemblées secrètes des illuminés et des francs-maçons.*

« J'ai eu, dit-il, les moyens de suivre toutes
les tentatives faites *pendant cinquante ans*,
sous le prétexte spécieux d'éclairer le monde
avec le flambeau de la philosophie et de dis-
siper les nuages dont la superstition religieuse
et civile se servait pour retenir tout le
peuple de l'Europe dans les ténèbres et l'esclavage. J'ai observé les progrès de ces doctrines
se mêlant et se liant de plus en plus étroite-
ment aux différents systèmes de la Maçonnerie; enfin j'ai vu se former une association ayant pour but unique de détruire jusque
dans leur fondement tous les établissements
religieux et de renverser tous les gouvernements existant en Europe. J'ai vu cette association répandre ses systèmes avec un zèle
si soutenu qu'elle est devenue presque irrésistible, et j'ai remarqué que *les personnages
qui ont le plus de part à la Révolution française, étaient membres de cette association ;
que leurs plans ont été conçus d'après ses
principes et exécutés avec son assistance.* Je
me suis convaincu qu'elle existe toujours,
qu'elle travaille toujours sourdement, que
toutes les apparences nous prouvent que non-
seulement ses émissaires s'efforcent de propager parmi nous ces doctrines abominables,

mais même qu'il y a en Angleterre des loges
qui depuis 1784 correspondent avec la mère
loge. C'est pour la démasquer, pour prouver
que les meneurs étaient des fourbes qui
prêchaient une morale et une doctrine dont
ils connaissaient la fausseté et le danger, et
que leur véritable intention était d'abolir
toutes les religions, de renverser tous les gouvernements et de faire du monde entier une
scène de pillage et de meurtre, que j'offre au
public un extrait des informations que j'ai
prises sur cette matière. »

Adrien Duport se rendait un compte
exact du travail de décomposition accompli en Europe par les sociétés secrètes, et
de la puissance que leurs adeptes avaient
acquise dans les cabinets des souverains,
quand il affirmait qu'aucun obstacle sérieux n'arrêterait la révolution.

En vain les rois se liguèrent-ils au nom
du droit commun des peuples. L'empereur
Léopold II et Gustave III de Suède tombèrent, le premier empoisonné, le second
frappé par le poignard d'un sectaire, et tous
les desseins de la coalition se rompirent
dans un désarroi dont l'histoire n'avait offert
encore aucun exemple. Le généralissime
de ses armées, le duc de Brunswick, su-
bordonna sa conduite à sa qualité de
grand maître de la Maçonnerie allemande.
Dans un manifeste étrange, il prononça
l'excommunication maçonnique contre les

révolutionnaires français (1); mais ce fut
tout, et il se retira bientôt après ses succès en Champagne, de connivence avec
Kellerman et Dumouriez. Les armées des
émigrés furent systématiquement mises
hors d'état d'agir utilement pour la cause
de la restauration française (2).

La coalition ainsi trahie ne tarda pas à
se désagréger. A son tour, la Révolution
devint conquérante. Devant elle, les armées
se rendaient; les villes les plus fortes ouvraient leurs portes. Partout elle rencon-
trait des adeptes, qui trahissaient leur pays
à son profit et organisaient ensuite des
gouvernements républicains modelés à son
image. C'est ainsi qu'en quatre années elle
bouleversa les Pays-Bas, l'Italie, la Suisse
et l'Allemagne (3).

(1) Lecoulteux de Canteleu, *les Sectes et les Sociétés
secrètes*, p. 13.
(2) La même chose se passa pour les Vendéens. Le
cabinet anglais ne vit dans la Révolution qu'une occasion
de détruire la puissance française. Il ne fit jamais rien
d'effectif pour secourir la Vendée et se refusa à y trans-
porter les émigrés. — « Je félicite d'avance mon pays
des hautes destinées auxquelles la Révolution de France
vient de l'appeler, » avait dit Pitt au parlement en apprenant les journées d'octobre.
(3) Tout le plan de propagande révolutionnaire à travers l'Europe avait été tracé par Adrien Duport dans ce
mémoire lu le 21 mai 1790. Il est reproduit en entier dans
l'ouvrage du P. Deschamps, t. I p. 519. — On trouvera
à la suite et dans le t. II, p. 308 et suiv. le récit des nombreuses trahisons qui, dès cette époque, en Italie et en
Allemagne, facilitèrent la marche des armées révolutionnaires

VI

LA DICTATURE NAPOLÉONIENNE.

Le régime de la Convention avec les clubs des Jacobins délibérant et gouvernant sur toute la surface du territoire, le culte de la déesse Raison, la fête de l'Être suprême, la théophilanthropie, la guillotine et la confiscation en permanence, étaient l'idéal des sociétés secrètes. Aussi, pendant les quelques années de ce régime, les loges suspendirent leurs travaux. Le grand œuvre de la maçonnerie s'accomplissait en plein jour et dans les assemblées publiques.

Cependant cet abominable régime s'effondrait dans le désordre et l'incapacité ; la Russie et l'Autriche avaient partout fait reculer les armées du Directoire ; à l'intérieur, les coups d'État révolutionnaires du 13 vendémiaire, du 18 fructidor, du 30 prairial avaient prolongé successivement de quelques mois son existence ; mais l'opinion publique reprenait chaque fois le dessus avec plus de force, et la restauration du roi légitime devenait imminente.

Dans ces conjonctures, Napoléon Bonaparte revint brusquement d'Egypte, et, de concert avec Sieyès et quelques révolutionnaires émérites, il fit le coup d'Etat du 18 brumaire, destiné dans leur pensée à sauver la Révolution menacée par tant d'excès et d'impéritie.

Napoléon dépassa de beaucoup, au profit de son ambition personnelle, les visées de ses complices. Cependant il ne désavoua jamais ses antécédents jacobins, et il se donna toujours lui-même comme le chef de la Révolution. Au milieu de la réaction qui ramenait le pays à l'ordre, il se fit le défenseur de tous les intérêts révolutionnaires et solidarisa sa cause avec celle des acquéreurs de biens nationaux.

Le Concordat, qui fut l'œuvre vraiment féconde et réparatrice de son règne, ne lui fut pas inspiré par un sentiment religieux. Il n'avait aucune croyance, et ses conversations de Sainte-Hélène montrent que ses idées en religion se bornaient à un déisme vague, comme celui de la Maçonnerie. Il sentit la nécessité indispensable de donner une satisfaction sur ce point essentiel à la majorité catholique de la nation. Mais, en négociant le Concordat, il avait toujours la pensée d'asservir l'Eglise catholique et la Papauté. Quelques jours après sa signature, comme Volney, l'impie

auteur des *Ruines*, dont il avait fait un de
ses sénateurs, lui demandait : *Est-ce là ce
que vous aviez promis?* « Calmez-vous, lui
répondit le premier consul, la religion en
France a la mort dans le ventre : vous en
jugerez dans dix ans! » A la même époque,
le tribun Ganilh lui disait qu'avec le Concordat il donnait du pouvoir en France à
un prince étranger. « Pensez-vous, répon-
dit-il, que pour cela je me sois mis dans
la dépendance du pape? J'en ai agi à
son égard comme avec les royalistes,
qui, lorsque je suis arrivé au pouvoir,
étaient partout les maîtres. C'étaient les
Vendéens, les Chouans, qui gouvernaient
la France. Eh bien! je leur ai fait croire
que je voulais ce qu'ils voulaient eux-
mêmes, et leurs chefs sont venus à Paris.
Au bout d'un mois, ils étaient arrêtés! »
Et, faisant une pirouette sur lui-même, il
ajoutait en forme de conclusion : « Voilà
comment on gouverne! »

Vingt ans après, à Sainte-Hélène, re-
passant son règne dans la solitude, il *s'ex-
cusait* ainsi de ne pas avoir introduit le
protestantisme en France :

« Avec le catholicisme, j'arrivais bien plus
sûrement à tous mes grands résultats. Au
dehors, le catholicisme me conservait le pape,
et, avec mon influence et mes forces en Italie,
je ne désespérais pas, tôt ou tard, par un
moyen ou par un autre, de finir par avoir à

moi la direction de ce pape. Et dès lors quelle
influence! quel levier d'opinions sur le reste du
monde!... François Iᵉʳ était placé véritablement pour adopter le protestantisme à sa
naissance et s'en déclarer le chef en Europe.
Malheureusement, François Iᵉʳ ne comprit
rien de tout cela, car il ne saurait donner ses
scrupules pour excuse. Tout bonnement, c'est
qu'il n'y voyait pas si loin : bêtise du temps!
intelligence féodale! François Iᵉʳ n'était
après tout qu'un héros de tournois, un beau
de salon, un de ces grands hommes pyg-
mées ! »

Sa véritable pensée se révéla bien quand,
le jour même de la signature du Concordat,
il essaya par un faux matériel, raconté dans
les *Mémoires de Consalvi*, d'introduire
une clause qui aurait subordonné à son
bon plaisir le libre exercice du culte. Il y
revint par les *articles organiques*, édictés
par lui seul et publiés mensongèrement
avec le Concordat. Plus tard encore le
même dessein persévérant aboutissait au
Concordat de Fontainebleau, extorqué à
Pie VII captif et malade.

Au moment où il allait se proclamer
empereur, Napoléon voulut donner un gage
décisif aux hommes de la Révolution, en
assassinant le duc d'Enghien. « On veut
détruire la Révolution, disait-il à ses fami-
liers le soir du crime, en s'attaquant à ma
personne. Je la défendrai ! *car* JE SUIS LA

Révolution, moi, moi. On y regardera à partir d'aujourd'hui, car on saura de quoi nous sommes capables. » Louis-Napoléon interprétait donc fidèlement sa pensée et avec elle la raison d'être des Bonaparte, en écrivant dans les *Idées napoléoniennes:*

« La Révolution mourante, mais non vaincue, avait légué à Napoléon l'accomplissement de ses dernières volontés. Eclaire les nations, dut-elle lui dire; affermis sur des bases solides les principaux résultats de nos efforts; exécute en étendue ce que j'ai dû faire en profondeur, sois pour l'Europe ce que j'ai été pour la France. Cette grande mission, Napoléon l'accomplit jusqu'au bout. »

Cette lumière que Napoléon a portée à l'Europe, était la lumière maçonnique. Tous les historiens de la Maçonnerie le comptent parmi les célébrités de l'ordre. En échange des services rendus à la Révolution, les loges devinrent un instrument de domination et de propagande pour lui.

« Ce fut l'époque la plus brillante de la Maçonnerie, dit le secrétaire du Grand Orient, Bazot. Près de douze cents loges existaient dans l'empire français : à Paris, dans les départements, dans les colonies, dans les pays réunis, dans les armées, les plus hauts fonctionnaires publics, les maréchaux, les généraux, une foule d'officiers de tout grade, les magistrats, les savants, les artistes, le commerce, l'industrie, presque toute la France

dans ses notabilités fraternisait maçonnique-
ment avec les maçons simples citoyens;
c'était comme une initiation générale. »

« Le gouvernement impérial, ajoute Clavel,
avait aussi encouragé la formation de loges
militaires, et il y avait peu de régiments auxquels ne fût attaché un atelier maçonnique.
Quand les troupes françaises prenaient possession d'une ville, leurs loges y faisaient
choix d'un local et s'appliquaient à donner
l'initiation à ceux des habitants qui leur pa-
raissaient exercer le plus d'influence sur la
population. Ceux-ci, à leur tour, ouvraient des
loges et les faisaient constituer par le Grand
Orient de France. Lorsque ensuite ces loges
devenaient assez nombreuses, elles *formaient
un Grand Orient national, qui s'affiliait à
celui de Paris et* RECEVAIT DE LUI L'IMPULSION.
C'est ainsi que s'établirent, en 1806, le Grand
Orient de Bade à Manheim, et en 1811 le
Grand Orient de Westphalie à Cassel, dont le
roi Jérôme accepta la grande maîtrise. » (1)

Dans le sein même des cabinets et des
armées ligués contre lui, la Révolution
conspirait parfois en sa faveur. Pour comprendre ces temps, il faut lire, dans la *Correspondance politique* de M. de Maistre,
le récit du désarroi étonnant qui régna
dans les armées autrichiennes et russes
pendant toute la campagne de 1804. Bien

(1) Bazot, *Tableau historique de la Maçonnerie*
p. 38, et Clavel, *Histoire pittoresque de la Maçonnerie*
p. 252. Voir aussi *l'Orient, revue universelle de la
F.'. M.'.* 1845, p. 226.

mieux que le grand capitaine romain, le
César moderne pouvait dire dans ces jours-
là : « Je suis venu, j'ai vu, j'ai vaincu. »

Partout où ses armées pénétraient,
Napoléon réalisait ce *que la Révolution
avait fait en France.* Renversement des
dynasties nationales, liberté des cultes,
expulsion des religieux, vente des biens
ecclésiastiques, partage forcé des succes-
sions, abolition des corporations ouvrières,
destruction des provinces et des libertés
locales : voilà ce qu'il faisait lui-même dans
les pays qu'il réunissait directement à
l'Empire, ou ce qu'il faisait faire par les
royautés vassales créées en Espagne, à
Naples, en Italie, en Hollande, en Westphalie, en Pologne. C'est aussi l'œuvre
qu'accomplissaient les princes allemands
qui, comme l'électeur de Mayence, l'archevêque Dalberg, un *illuminé,* lui vendaient
l'honneur et la liberté de leur pays. En 1809,
il couronnait sa tâche en détruisant le
pouvoir temporel du pape et en cherchant
à réduire partout l'Église catholique au
rang misérable d'une Église russe, ce rêve
toujours poursuivi par les habiles des
sociétés secrètes.

Si Rome et la papauté sont le grand
objectif des sectes antichrétiennes, la
France et l'Allemagne sont leurs deux principales bases d'opérations. Nous avons

déjà vu (ch. ιv) que l'Allemagne avait été assez profondément travaillée à la fin du xviiiᵉ siècle, pour qu'il s'en soit fallu de peu qu'elle ne devînt le théâtre de la première explosion révolutionnaire. Pendant dix ans, Napoléon y fut accueilli sans résistance et avec l'appui d'un nombreux parti. Même au rapport d'un franc-maçon très-autorisé, Jean de Witt (1), une société secrète spéciale s'était formée dans les hautes classes du pays pour favoriser sa politique, notamment la médiatisation des princes du Saint-Empire et la destruction des principautés ecclésiastiques.

Mais, à la fin, Napoléon, enivré par sa puissance militaire, ne voulut plus se borner à faire l'œuvre de la Révolution ; il rêva de refaire l'empire d'Occident sur sa tête et de partager l'univers avec la Russie. Dès lors, il fut condamné comme un instrument dangereux, et aussitôt un revirement prodigieux se produisit de Cadix à Dantzig. Au lieu d'étouffer les sentiments nationaux sous une phraséologie humanitaire, on réveilla partout l'amour de la patrie, toujours vivant au cœur des peuples.

Des associations spéciales, qui se rattachaient par leurs chefs aux sociétés

_____

(1) Witt, *Mémoires secrets ou fragments* (Paris, Roulland, 1851, p. 251).

secrètes, furent fondées dans ce but. Le *Tugendbund*, en Allemagne, fut la plus célèbre et la plus agissante. A partir de ce moment, la fortune de Napoléon s'évanouit. En Russie, dans la campagne de 1813, dans celle de France, son génie militaire fut plus admirable que jamais, la bravoure de ses soldats fut toujours la même; mais les lois naturelles de la guerre, qui donnent la victoire aux plus gros bataillons et aux ressources financières les plus considérables, reprirent désormais leur cours : c'est ainsi qu'il fut par deux fois ramené sous les murs de Paris et obligé de renoncer à l'Empire.

Seulement, l'élan donné par les sociétés secrètes était de beaucoup dépassé : les peuples, longtemps comprimés, livrés enfin à eux-mêmes, revenaient partout à leurs anciennes dynasties. Les princes de l'Europe, Alexandre de Russie surtout, entrevoyant le caractère essentiellement cosmopolite de la Révolution, étaient pénétrés de sentiments de justice et de religion : le pape fut rétabli dans ses États ; les Bourbons remontèrent sur leurs trônes ; une réaction puissante se fit dans les esprits et sembla devoir inaugurer un nouvel ordre de choses.

VII

LA RÉVOLUTION ET LES SOCIÉTÉS SECRÈTES DE 1815 A 1870.

Quelque éclatantes qu'eussent été les leçons de la Providence, les sectes anti-chrétiennes ne désarmèrent pas. Dès le lendemain de la Restauration, les hommes les plus avancés des sociétés secrètes, Talleyrand, le duc Dalberg, Fouché, cherchèrent à prendre la direction de la réaction monarchique et à sauver dans ses parties essentielles l'œuvre de la Révolution.

La grande pensée de la *Sainte-Alliance* dévia, et elle n'aboutit qu'à des déclarations d'une religiosité vague, qui, en définitive, est la négation de la révélation (1). L'on vit en France, et à peu près partout, les hommes foncièrement révolutionnaires

(1) M. de Maistre, dans ses dépêches à la cour de Sardaigne, indiquait dès lors la pénétration d'un esprit mauvais dans la Sainte-Alliance. V. *Correspondance diplomatique de 1811 à 1817*, t. II, p. 154, 162, 167, 207, 310. Le père Pachtler, dans son ouvrage *der Gœtze der Humanität*, a un chapitre très-important sur l'action des sociétés secrètes dans la Sainte-Alliance.

occuper dans les conseils des rois la place
qui eût dû être remplie par les défenseurs éprouvés de la religion et de la monarchie. Ces hommes-là se servirent de la
toute-puissance de l'empereur Alexandre,
que Talleyrand et Dalberg avaient réussi
à circonvenir, pour imposer à la France le
régime parlementaire, qui ôtait à la royauté toute force pour le bien et devait fata-
lement l'*acculer dans la Charte*. Peu
après, ils obtinrent le renvoi de la fameuse
Chambre introuvable, expression libre et
spontanée des sentiments du pays, et ils
firent l'étonnante fortune d'un simple conseiller à la cour de Paris, qui devint
ministre tout-puissant. Il était grand com-
mandeur du suprême conseil du rit écossais, une des branches les plus avancées
de la Maçonnerie, et cela explique tout.

En 1818, l'illustre cardinal Consalvi,
secrétaire d'Etat de Pie VII, signalait aux
souverains le travail souterrain que les
sociétés secrètes avaient repris partout.
Les souverains demeurèrent inertes, et
bientôt, en 1820 et 1821, des insurrections
libérales éclatèrent simultanément, et
avec le même mot d'ordre, en Espagne,
en Piémont, à Naples. En France, le duc
de Berry tombait sous le fer d'un assas-
sin, qui croyait couper pour toujours dans
sa racine l'auguste tige des Bourbons.

Ces complots, ces attentats étaient l'œuvre de la *Carbonara* ou *Charbonnerie*, dans laquelle bonapartistes et républicains s'unissaient sous le drapeau de la Révolution. Cette nouvelle société secrète sortait, en France comme en Italie, du sein des loges, et, après le triomphe, la Maçonnerie en a revendiqué la maternité comme un honneur.

« Les loges avaient été, dit le *Siècle*, le berceau et la pépinière de la célèbre société des *carbonari*, laquelle mit en danger la Restauration et contribua dans une si large proportion à la renaissance du parti républicain en France. » Ce témoignage est confirmé par celui de Louis Blanc dans l'*Histoire de dix ans*.

En Italie, le grand maître actuel de la Maçonnerie napolitaine, Domenico Anghera, dans une *Histoire secrète de l'ordre*, imprimée en 1864, relate avec satisfaction que l'œuvre des *carbonari* ou *des buon-cousini*, en 1820-1821, fut dirigée par les loges maçonniques et conduite par leurs adeptes, qui prenaient d'autres désignations. « Dans ces jours-là, dit-il, les maillets des maçons frappaient des temps harmonieux sur les axes des *carbonari*. » Et, en 1869, le grand maître Frappoli, dans son discours à l'ouverture du *convent maçonnique* de Gênes, reconnaissait que,

« *durant les précédentes cinquante années de tyrannie*, la Franc-Maçonnerie
en Italie avait été remplacée par les *carbonari*. »

Pendant que leurs adeptes les plus ar-
dents se groupaient dans les *ventes* des
carbonari, les loges maçonniques accomplissaient un travail plus dangereux peut-
être. Elles remettaient en honneur l'esprit
impie du siècle précédent; elles propa-
geaient dans les classes moyennes le *libéralisme* et faisaient la guerre à la monarchie sur le terrain légal avec la célèbre
société *Aide-toi, le Ciel t'aidera*. Les
meneurs s'en sont vantés plus tard; ils
avaient joué pendant quinze ans une *co-
médie* d'attachement à la légalité : ce qu'ils
voulaient, c'était le renversement des
Bourbons.

Le gouvernement de Louis-Philippe fut,
au point de vue de la Révolution, la répétition de la dictature de Napoléon dans des
proportions plus restreintes et avec la
gloire des armes en moins. Le principe de
la *souveraineté du peuple*, quoique miséra-
blement confisqué par 219 députés rebelles
à leur mandat et deux cent mille élec-
teurs à 200 francs, avait été de nouveau
proclamé, et, tandis que des hommes à
courtes vues s'imaginaient n'avoir fait
qu'une copie de la révolution anglaise de

1688, les vrais révolutionnaires enten-
daient, en faisant durer quelques années
ce régime issu d'une insurrection, accou-
tumer l'Europe monarchique aux idées
nouvelles et mûrir l'opinion dans le sens
de leurs desseins.

C'est ce qui se réalisa. Une série d'intrigues diplomatiques, commencées par le
Memorandum de 1831 et suivies de l'occupation brutale d'Ancône, ébranlèrent le
gouvernement temporel du Pape et don-
nèrent un point d'appui aux complots tra-
més contre le Saint-Siége à la fois par la
Haute Vente romaine et par la *Jeune Italie*
que dirigeait Mazzini. Partout ailleurs le
concours du gouvernement de Louis-Philippe était également assuré à la Révolution. Grâce à lui, elle triompha successivement en Espagne et en Portugal par
l'établissement d'Isabelle et de Dona Ma-
ria, en Suisse par la défaite du Sonderbund, cette ligue héroïque des cantons
catholiques unis pour défendre contre le radicalisme leur foi et leur liberté séculaires.

A l'intérieur, toutes les chaires de l'enseignement secondaire et supérieur, qui
constituait un monopole exclusif, propa-
geaient dans la jeunesse, avec le mépris de
la foi catholique, les principes du rationa-
lisme et du naturalisme, qui sont l'essence
de la Maçonnerie.

En même temps, un travail considérable s'accomplissait dans les classes populaires à l'ombre de la légalité.

La Révolution a toujours et partout commencé son œuvre de corruption par les hautes classes, et elle a malheureusement trouvé dans leur sein des membres indignes, qui se sont livrés à elle pour se débarrasser des devoirs rigoureux de justice, d'exemple et de protection envers les petits, que la loi naturelle et l'Evangile imposent à la noblesse et à la fortune. Ce furent de grands seigneurs corrompus et des financiers pervers qui firent 1789. Plus tard seulement, quand la corruption eut été systématiquement répandue par eux, l'on vit sortir du sein du peuple des êtres pleins de convoitise et de haine, comme toutes les classes en renferment, et ces nouveaux venus prirent alors leur large part aux crimes dont l'ère avait été ouverte.

Cependant la Révolution avait passé sur la France comme un torrent qui étend ses ravages plus qu'il ne creuse le sol en profondeur. On le vit bien par la facilité avec laquelle les masses dans les campagnes, comme dans les villes, revinrent à la religion dès que les églises furent rouvertes, et au calme profond qui succéda chez les populations laborieuses aux agitations de la période révolutionnaire. Sous

la Restauration, les missions complétèrent
ce retour, et en 1830, dans les provinces,
le peuple était encore royaliste comme
après les Cent-Jours. Les acquéreurs de
biens nationaux conservaient seuls les
idées révolutionnaires ; mais ils ne formaient qu'une infime minorité, vue généralement avec mépris. La Restauration
fut une époque de grand essor industriel,
et néanmoins, pendant ces quinze années,
il n'y eut pas une grève importante ; partout
l'accord régnait entre les patrons et les
ouvriers : les uns et les autres vivaient en
paix au milieu de la prospérité générale.

1830 vint rompre cette paix et cette harmonie, et la formidable insurrection lyon-
naise, conséquence de la perturbation des
affaires et de la fièvre révolutionnaire
insufflée aux ouvriers, fut la première révélation de cette *question sociale* qui,
depuis lors, est restée la grande question
du temps.

En même temps, un esprit nouveau
s'empara de l'industrie. Les économistes
officiels mirent en honneur la théorie selon
laquelle le travail n'est qu'une marchandise
comme une autre : beaucoup de patrons
l'adoptèrent avec empressement et ne son-
gèrent plus qu'à faire vite leur fortune, sans
plus s'occuper du sort de leurs ouvriers.
De son côté, la presse officieuse prêchait
aux travailleurs livrés à eux-mêmes la

jouissance et le progrès et les mettait en
défiance contre le clergé : il était logique
que l'idée républicaine et socialiste succé-
dât au libéralisme bourgeois.

C'est ainsi que la Révolution descendit
dans des couches qui, jusque-là, lui étaient
restées fermées. Des sociétés secrètes, nouvelles sorties de la Charbonnerie, comme
celle-ci était née de la Maçonnerie, se
formèrent sous la direction de Mazzini,
et le terrain était si bien miné, qu'en
février 1848, le trône de Louis-Philippe,
soutenu par une armée de cent mille
hommes, s'effondra, sans qu'un coup de
fusil eût été tiré pour sa défense.

La Franc-Maçonnerie s'empressa d'ap-
plaudir à ce mouvement, autant parce que
les fauteurs des journées de février étaient
les vénérables des principales loges pari-
siennes, que parce que la république est la
conséquence logique de ses principes. Le
10 mars 1848, le suprême conseil du rit
écossais allait féliciter le gouvernement
provisoire, et Lamartine lui répondait :
« Je suis convaincu que c'est du fond de
vos loges que sont émanés, d'abord dans
l'ombre, puis dans le demi-jour et enfin
en pleine lumière, les sentiments qui ont
fini par faire la sublime explosion dont
nous avons été témoins en 1789, et dont
le peuple de Paris vient de donner au monde
la seconde et, j'espère, la dernière repré-

sentation, il y a peu de jours. » A son tour,
le Grand Orient se rendit en procession
auprès du juif Crémieux, membre du gouvernement, qui, se revêtant des insignes
maçonniques, répondit à son adresse
d'adhésion par ces paroles significatives :
LA RÉPUBLIQUE EST DANS LA MAÇONNERIE.

Les journées de février furent suivies
par une explosion universelle en Italie,
en Hongrie, en Allemagne, en Belgique.
Mais le mouvement était prématuré. L'Autriche et la Russie eurent facilement raison
de ces tentatives, malgré l'appui que le
roi Charles-Albert de Sardaigne leur donna.
La dynastie prussienne elle-même ne voulut pas pour cette fois de la couronne impériale, que lui offrait l'assemblée de Francfort.

En France, les journées de mai et de juin
amenèrent une réaction conservatrice, qui,
jointe à leurs autres échecs, firent comprendre aux habiles meneurs des sociétés
secrètes que conserver la république en
France était faire reculer considérablement
leur œuvre en Europe. Une dictature, une
forme nouvelle de la révolution conservatrice, leur convenait mieux pour l'heure
présente. Or, ils avaient précisément sous
la main un homme qui leur était lié par un
de ces engagements qui ne peuvent se
rompre. Affilié jadis à la *Carbonara* dans
la vente de Césène, il avait été en 1831 à
la tête de l'insurrection des Romagnes

contre le Saint-Siège, et il portait ce nom
de Bonaparte qui alors encore était une
puissance. Loin que l'âge et ses mésaven-
tures de Strasbourg et de Boulogne eussent
désabusé Louis-Napoléon, il avait employé
les loisirs de sa prison de Ham à affirmer
dans des livres et de nombreux articles de
journaux ses idées révolutionnaires et hostiles à l'Église. Tel était l'homme choisi
par les plus habiles chefs de la Révolution.
Ils n'eurent, hélas! qu'à le laisser porter au
pouvoir par la masse des conservateurs af-
folés d'ordre matériel et que *le comité de la
rue de Poitiers*, où M. Thiers dominait alors,
comme plus tard à Bordeaux, détourna
de la voie qui pouvait seule sauver la France.

Que cette nouvelle dictature napoléonienne dût s'exercer au profit de la Révolution, c'est ce que le prince-président ne
tarda pas à indiquer clairement dans sa
lettre à Edgar Ney. Fidèle à la pensée qui
l'avait fait voter contre l'expédition de
Rome, il cherchait à frapper de discrédit
le pouvoir du Pape, à peine restauré par
les troupes françaises :

« Lorsque nos armées firent le tour de
l'Europe, y disait-il, elles laissèrent partout,
comme trace de leur passage, la destruction
des abus de la féodalité et les *germes de la
liberté;* il ne sera pas dit qu'en 1849 une
armée française ait pu agir dans un autre
sens et amener d'autres résultats. »

C'était le langage de la Maçonnerie elle-même.

Dix-huit mois après, Louis-Napoléon se débarrassait de l'Assemblée nationale par le coup d'Etat du 2 décembre. Les faubourgs restèrent inertes, et ce fut après deux jours de manœuvres que la police parvint à faire élever quelques barricades pour donner un prétexte à la sanglante fusillade des boulevards ; en province, il n'y eut que quelques levées de boucliers isolées dans les départements les plus reculés, où les mots d'ordre ne pouvaient pas parvenir. Tous les chefs républicains restèrent immobiles. Une fois de plus, les ouvriers, les fanatiques, mais les seuls honnêtes gens du parti, avaient été abandonnés par leurs meneurs. Ces simulacres de résistance ne servirent qu'à persuader aux conservateurs sans principes que *la société avait été sauvée!*

Que s'était-il donc passé?

Peu avant le 2 décembre, une réunion du grand conseil des sociétés secrètes avait eu lieu à Paris ; des convocations signées MOCQUARD avaient été expédiées avec cette mention : *Pour régler les affaires d'Italie,* et Mazzini avait reçu un sauf-conduit signé de Louis-Napoléon lui-même. Dans cette réunion, Mazzini et trois ou quatre de ses amis furent seuls à voter pour le maintien d'une république démocratique. L'influence de Palmerston l'emporta à une majorité considérable, et la dictature fut livrée à Louis-Napoléon, à la condition de mettre toutes les forces de la France au service de la Révolution (1).

Palmerston devait être le grand directeur de la politique de Louis-Napoléon. Il fut, à cette époque, momentanément renvoyé du ministère des affaires étrangères par la reine Victoria, *précisément pour avoir donné l'appui de l'Angleterre au coup d'État*, malgré ses ordres et une décision du conseil de cabinet ; mais il trouva bientôt des complices en Franc-Maçonnerie qui le firent rentrer aux affaires, et, devenu tout-puissant de l'un comme de l'autre côté de la Manche, il disait lui-même épigrammatiquement à la Chambre des Communes : « Les deux pays n'ont qu'un seul et même cabinet, dont quelques membres habitent les rives de la Seine et les autres celles de la Tamise (2). »

Quant à Mazzini, il n'accepta jamais complétement la dictature de Louis-Napoléon, et ce fut entre eux deux une lutte tantôt sourde, tantôt ouverte, qui dura jusqu'en 1870.

(1) V. *les Sociétés secrètes et la Société*, t. II, p. 356-357.
(2) V. la très-instructive brochure de M. Crquhart : *la Force navale supprimée par les puissances maritimes, Guerre de Crimée*, in-8° (Grenoble, Baratier, 1873). L'auteur y indique comment toutes les affaires se traitaient directement entre Napoléon III et Palmerston, sans que ses collègues du cabinet britannique en eussent connaissance, si ce n'est après les faits accomplis.

L'accomplissement de ses engagements
fut l'œuvre du règne de Napoléon III; mais
il y mit une lenteur calculée, qui, dans sa
pensée, devait rendre sa personne et son
gouvernement nécessaires aux sociétés
secrètes.

La guerre de Crimée eut pour premier
résultat de briser définitivement l'alliance
de l'Autriche et de la Russie. Pour atteindre
ce but, bien plus important pour Napoléon
et Palmerston que toutes les considérations
militaires, l'armée anglo-française
se transporta brusquement en Crimée, au
lieu de continuer ses opérations sur le
Danube et de là en Pologne, comme la
nature des choses l'indiquait (1). La part
que, contre toute raison, le Piémont prit à
cette guerre n'avait pas d'autre but que de
fournir à M. de Cavour l'occasion de saisir
le congrès de Paris d'un véritable acte
d'accusation contre le gouvernement du
Saint-Siége et les Bourbons de Naples.

Un nouveau temps d'arrêt s'étant produit
dans la politique de Napoléon, les
bombes d'Orsini vinrent lui rappeler que
Mazzini ne lui permettrait pas d'oublier ses
engagements. Condamné à mort, Orsini,
du fond de sa prison, adressa à Napoléon
une lettre où il le sommait *au nom de sa*

(1) V. *Expédition de Crimée. Mémoire par un
officier général,* le prince Jérôme-Napoléon) fév. 1855,
sur la façon étrange dont fut conduite la guerre de Crimée.
V. aussi la brochure citée de M. Urquhart.

tranquillité d'affranchir l'Italie. Cette lettre fut insérée au *Moniteur officiel*, et l'Empereur accepta ainsi publiquement d'être l'exécuteur testamentaire d'Orsini (1).

On sait le reste : la guerre d'Italie, les annexions piémontaises, le royaume de Naples renversé par la trahison bien plus que par l'audace de Garibaldi et les armées de Victor-Emmanuel, la guerre faite à coups de brochures officieuses contre le Saint-Siége, l'écrasement de l'armée pontificale à Castelfidardo, accompli sur les conseils exprès de Napoléon, disant à Cialdini dans l'entrevue de Chambéry : *Allez et faites vite*, tandis que son ambassadeur à Rome affirmait publiquement que l'armée française d'occupation s'opposerait à l'invasion piémontaise !

Réduire le pouvoir temporel à Rome et à sa banlieue, *au Vatican et à son jardin*, empêcher l'Autriche et l'Espagne de secourir Pie IX, livrer la Papauté en détail et, en attendant, la tenir dans une sorte de vassalage, bénéficier auprès des catholiques peu clairvoyants du semblant de protec-

(1) M. Keller s'honora par son courage, non moins que par son éloquence, en signalant cette complicité à la tribune du Corps législatif dans la séance du 13 mars 1861. Depuis lors, le *Journal de Florence* a publié des détails très-circonstanciés sur les négociations qui intervinrent alors entre Napoléon et Mazzini et aboutirent à la lettre d'Orsini et à son insertion au *Moniteur*. Voir cet article reproduit dans la *Gazette du Midi* du 16 janvier 1874.

tion accordé au Saint-Siége et, en même temps, conserver le plus longtemps possible par l'occupation de Rome une garantie contre Mazzini, et un gage sur l'Italie unifiée voilà quelle était la politique napoléonienne, et elle s'est manifestée clairement pour tous ceux qui, au milieu de ses contradictions apparentes, ont voulu ouvrir les yeux et en suivre le fil continu.

Napoléon devait périr à ce double jeu, et les sociétés secrètes, déplaçant le centre de leur action, allaient trouver un instrument plus décidé et plus puissant.

Mais, avant d'arriver à ces faits, jetons un coup d'œil sur ce que Napoléon avait fait à l'intérieur.

Il avait compromis, par des faveurs de cour, certains hauts dignitaires ecclésiastiques ; mais il s'était appliqué à ruiner l'influence du clergé sur les populations.

En 1850, l'Assemblée nationale, après avoir émancipé partiellement l'enseignement secondaire, s'était engagée à faire une loi semblable sur la liberté de l'enseignement supérieur. Jamais les catholiques ne purent obtenir du gouvernement impérial la réalisation de cette promesse.

Quand les événements d'Italie eurent désabusé les conservateurs trop confiants et qu'ils commencèrent à faire entendre leurs justes réclamations, tout un ensemble de mesures hostiles au clergé fut inauguré.

Un ministre des cultes, dans un mémoire datant de 1860 et qui, après le 4 septembre, a été trouvé aux Tuileries, proposait de faire appel *à une réaction antireligieuse qui ferait la police des fautes du clergé et formerait autour de lui un cercle de résistance et d'opposition qui le comprimerait.* Ce plan fut fidèlement suivi : la presse, qui était alors soumise à un régime absolument discrétionnaire, eut toute permission pour insulter et calomnier le clergé ; les conciles provinciaux furent prohibés ; dans certaines villes et dans les départements où les croyances étaient plus énergiques, les préfets multiplièrent les cabarets et les maisons de prostitution pour affaiblir les résistances religieuses.

La société de St-Vincent de Paul fut désorganisée, et en même temps, pour mieux montrer quel esprit guidait le gouvernement la Franc-Maçonnerie pour la première fois était reconnue officiellement par un décret qui lui donnait comme grand-maître le prince Murat, proche parent de l'empereur.

« L'avenir de la Maçonnerie n'est plus douteux, écrivit à cette occasion dans une circulaire ce nouveau grand maître. L'ère nouvelle lui sera prospère ; nous reprenons notre œuvre sous d'heureux auspices. Ainsi, libres de toute entrave, nous pouvons déployer notre bannière. *Le moment est venu où la Maçonnerie doit montrer ce qu'elle est, ce qu'elle veut, ce qu'elle peut.* »

L'activité maçonnique fut grande en France pendant les dernières années de l'Empire.

Le frère Pelletan, vénérable de la loge de *l'Avenir*, organisa, à l'exemple des loges belges, les associations de *solidaires*, dont les membres s'engagent à repousser le prêtre au lit de mort comme à la naissance, et à faire la garde autour de leurs camarades mourants pour étouffer leurs remords.

Non-seulement l'administration impériale fermait les yeux sur cette propagande ; mais même, pour faire peur aux bourgeois libéraux, elle favorisait sous main *l'Internationale*, qui commençait alors à se recruter dans les loges.

En même temps, un des chefs les plus avancés de la Maçonnerie, M. Jean Macé (1), professeur de l'Université, organisait, avec le double concours de la Maçonnerie et de l'administration de l'Instruction publique, la *Ligue de l'enseignement*, dont le but avoué était de détruire tout enseignement religieux dans les écoles et de corrompre les masses par des bibliothèques populaires

(1) Les loges maçonniques des départements de l'Est se réunirent en congrès à Metz du 29 juillet au 1er août 1869, et elles votèrent à l'unanimité la suppression dans la constitution maçonnique de l'affirmation de l'existence de Dieu et de l'immortalité de l'âme, et décidèrent qu'il fallait reconnaître pour seul principe la *solidarité humaine*. Ces décisions furent prises sur la proposition du frère J. Macé.

composées de livres impies. De son côté,
M. Duruy cherchait à réaliser un des vœux
les plus chers du programme maçonnique,
en inaugurant pour les jeunes filles un enseignement d'Etat, qui eût été une préparation aux loges *androgynes*.

Pendant le concile du Vatican, le gouvernement impérial fit tout ce qui dépen-
dait de lui pour l'empêcher d'aboutir, en
joignant son action aux intrigues de la
Prusse; et à Constantinople son ambassadeur s'unit à la Russie pour susciter le
schisme des Arméniens. Qu'eût-il fait
après la promulgation du dogme de l'in-
faillibilité? c'est le secret de Dieu. La
tempête qui l'emporta était déjà formée le
jour où l'Eglise rendit son arrêt définitif.

Son dernier acte fut un nouvel abandon
de la Papauté. Le 26 juillet 1870, alors
qu'aucun échec n'avait encore porté atteinte au prestige de nos armes, il en-
voyait à la brigade d'occupation de Rome
l'ordre de départ, et laissait Pie IX
livré sans défense aux convoitises piémontaises. Ainsi avait été rempli jusqu'au bout
le mandat des sociétés secrètes.

Un de leurs membres les plus avancés
et les plus intelligents, le père Enfantin,
l'ancien fondateur du Saint-Simonisme,
s'employait activement à calmer les impa-
tiences des frères et amis. En 1861, il
rendait ce témoignage à l'Empire dans

deux lettres adressées à Arlès Dufour :

« Bien des gens ont cru que nos deux Napoléon, au lieu de faire des 18 brumaire ou des 2 décembre, auraient dû donner à la France toutes les libertés imaginables. Ce n'est pas de liberté que nous avons le plus de besoin aujourd'hui, c'est d'autorité intelligente et sachant l'avenir » (et ses éditeurs ajoutent : « Cette autorité intelligente et exercée à l'étude de l'avenir, Enfantin avait foi qu'il la voyait en face de lui »).

Lui-même écrivait encore :

« J'entends assez souvent plusieurs d'entre nous s'étonner des ménagements, tempéraments, atermoiements, que le gouvernement français apporte depuis dix ou douze ans dans ses relations avec la Papauté. Pour moi, je n'en suis pas surpris. Ce qui ressort évidemment pour moi de notre conduite à Rome, *c'est précisément que nous ne voulons pas détruire de fond en comble le Catholicisme, mais que nous voulons* QU'IL SE TRANSFORME, c'est-à-dire que nous nous appelons Napoléon III et non pas Mazzini »(1).

La *transformation du catholicisme*, c'est-à-dire l'assujettissement de l'Eglise, voilà le fond de la pensée de tous les révolutionnaires de haut rang, et Enfantin interprétait bien l'*idée napoléonienne*.

(1) *Œuvres de Saint-Simon et d'Enfantin*, publiées par les membres du conseil institué pour l'exécution de ses dernières volontés : Arlès, Guéroult, Jourdan, Laurent, t. II, p. 95, et t. XIII, p. 110, 132, 133. Le Saint-Simonisme empruntait tous ses principes à la Franc-Maçonnerie. Aussi Ragon ne manque pas de revendiquer St-Simon et Fourier comme des gloires maçonniques.

VIII

LA PRUSSE ET L'EMPIRE MAÇONNIQUE.

L'alliance anglaise avait été la politique
constante de Napoléon III, qui lui sacrifia
en plus d'une occasion les intérêts nationaux. En réalité, c'était la subordination
de notre pays à lord Palmerston, qui tenait
dans ses mains depuis de longues années le
fil directeur des sociétés secrètes, et, avec
son élève Gladstone, se servait dans l'univers entier de la puissance anglaise pour
faire la guerre au catholicisme et aux
Bourbons. Lord Palmerston mort (1867),
Napoléon III fut livré à lui-même, et les
sectes antichrétiennes se tournèrent toutes
vers la Prusse.

Ce pays, on l'a vu, était un de ceux où
la propagande maçonnique était le plus
avancée. Le protestantisme y avait facilité
beaucoup la tâche des loges. Partout, du
reste, les clergés protestants, au lieu de lutter
contre une doctrine qui ruine l'autorité de
la révélation, s'alliaient à la Maçonnerie, en
sorte qu'un maçon éminent a pu dire que

tout protestant était déjà par cela seul
un demi-maçon. C'est ce qui explique
comment les sociétés secrètes commencent
de préférence leurs attaques par les pays
catholiques, et se bornent à s'infiltrer sans
secousse dans les nations protestantes, généralement avec la connivence aveugle des
princes.

Frédéric II de Prusse, franc-maçon
et athée, avait laissé à sa race une tradition révolutionnaire, à laquelle, sauf quelques intermittences, elle s'est montrée
fidèle. En 1813, Frédéric-Guillaume III
s'associa pleinement au mouvement à la fois
national et maçonnique du *Tugendbund*;
et plus tard, quand, au congrès de Vérone,
M. de Haugwitz dénonça les sociétés
secrètes et que les empereurs d'Autriche
et de Russie proscrivirent la Maçonnerie,
le roi de Prusse s'en déclara au contraire
le protecteur (1). Dès ce jour, toute la Maçonnerie allemande convergea vers Berlin :
elle fut comme une branche de l'administration, conduite à un but déterminé avec
la raideur de main propre à la bureau-
cratie prussienne. Si les loges supportaient
ce despotisme, c'est parce que, en le
subissant, elles n'en marchaient que plus

(1) V. des témoignages très-précis sur ce fait et sur
toute l'action de la Maçonnerie au profit de la Prusse
dans l'ouvrage du P. Deschamps, *les Sociétés secrètes
et la Société*, t. II, p. 300 et suiv.

sûrement vers l'accomplissement du grand œuvre maçonnique.

Après les grands succès de la Prusse, un habile personnage a dit que « c'étaient les maîtres d'école prussiens qui avaient gagné la bataille de Sadowa. » Comme toutes les phrases à effet, celle-là a été répétée partout, surtout en France. Rien n'est plus faux, si l'on veut y voir la preuve du développement de la puissance des peuples par l'instruction primaire. Les pays que la Prusse a vaincus en 1866, la Saxe, le Hanovre notamment, étaient beaucoup plus avancés qu'elle sous ce rapport; mais le mot est parfaitement vrai si l'on entend par là que les maîtres d'école et les professeurs des universités allemandes, presque tous francs-maçons, ont par leurs enseignements beaucoup plus contribué que M. de Moltke à la victoire de Sadowa et aux triomphes encore plus faciles remportés sur les armées du Hanovre et de la Bavière.

Les premiers linéaments du travail d'opinion qui devait amener l'unification de l'Allemagne sous la domination de la Prusse, remontent précisément à l'époque où Frédéric-Guillaume III se déclara le protecteur de la Maçonnerie. Ce travail s'est poursuivi à la fois dans le secret des associations occultes et au grand jour de l'enseignement des universités et de la propagande par la presse, ce qui est un des principaux modes de l'activité maçonnique.

Mgr de Ketteler, l'illustre évêque de Mayence, a raconté comment, en 1848, vingt ans après le congrès de Vérone, il se trouvait dans une réunion électorale pour le Parlement allemand, où le plan que devait plus tard réaliser M. de Bismarck fut pour la première fois exposé devant lui.

« Un des assistants, homme d'ailleurs éminemment respectable, émit cet avis : que la principale mission du Parlement était D'ÉTENDRE JUSQU'AU MEIN les frontières de la Prusse, et de constituer ainsi au nord de l'Allemagne une royauté qui serait placée sous la couronne de la Prusse : que mon devoir de député était de concourir à ce dessein. Ce fut la première fois que j'entendis émettre l'idée que nous avons vu se réaliser vingt ans plus tard. Je fus étrangement surpris, dans un temps où tous les droits étaient ébranlés, d'entendre une telle bouche préconiser comme un moyen de salut une nouvelle et si colossale violation du droit, et je repoussai énergiquement le conseil de concourir à un dessein qui était le déchirement de l'Allemagne. Je ne me figurais guère alors que je serais témoin plus tard, comme évêque de Mayence, de la réalisation de ce plan et de l'extension des frontières prussiennes jusqu'au Mein. Combien de fois j'ai pensé depuis à ce monsieur de Tecklembourg, dont les

paroles sont devenues pour moi une preuve
que ce qui est arrivé de nos jours était depuis
longtemps préparé. Je suis certain maintenant que cet homme n'énonçait pas une opinion personnelle, mais qu'il s'était approprié
la pensée d'une société secrète » (1).

L'Empire allemand à Francfort était
une tentative prématurée. L'idée en fut
reprise sur de nouvelles bases, et M. de
Bismarck l'a réalisée, après avoir rallié
en 1866 tous les partis révolutionnaires,
libéraux, nationaux et progressistes, sous
le drapeau prussien. L'on peut remar-
quer que les hommes qui servent sa politique avec le plus d'ardeur sont d'anciens
agitateurs, qui ont pris une part active
aux événements de 1848. Tels sont les
Schultze-Delistch, les Lasker, les Gneist,
sans parler de ceux qui, comme Karl
Marx et Simon Deutsch, les chefs de l'Internationale, travaillent pour lui sur un
autre terrain (2). Comme la dictature de

(1) *L'Allemagne après la guerre de 1866* (trad.
française), p. 36 et suiv.
(2) Les relations de la Prusse avec la Commune parisienne sont parfaitement connues.
Voir des lettres échangées en 1867 entre Mazzini et
le comte d'Usedom, ambassadeur de Prusse à Florence,
dans le *Monde* du 13 février 1875.
« Le principal entremetteur pour toutes les relations
entre la presse démocratique et progressiste française
et la presse allemande, est un certain Simon Deutsch,
qui fournissait déjà du temps de l'Empire de l'argent au
parti radical. Pendant la guerre, Deutsch était à Vienne,
où il faisait de la propagande française. Retourné à Paris
en février 1871, il était un des membres les plus actifs de

Louis-Napoléon, la raison d'être du nouvel Empire allemand, c'est la guerre au catholicisme.

Pendant les premiers temps, ce plan a été assez bien dissimulé.

C'est dans l'ombre que M. d'Arnim, pendant le concile du Vatican, tramait ses perfides excitations au schisme, et que le 20 septembre 1870 il se faisait le complice des envahisseurs de Rome. Les premiers rôles dans l'œuvre du schisme étaient habilement confiés aux ministres prussophiles et francs-maçons de la catholique Bavière.

C'est précisément après ses grands succès en 1870-1871, quand la Prusse n'avait plus d'ennemis en Allemagne et

l'*Internationale*, conseiller de la Commune et *alter ego* financier du délégué aux finances. Après la chute de la Commune, Simon Deutsch fut arrêté, mais *relâché à la suite de l'intervention de l'ambassade d'Autriche*. La police française l'expulsa ensuite du territoire. Peu de temps après, il put revenir, grâce à l'intervention du député Laurier, *alter ergo* de M. Gambetta. Il est associé à la *République française* pour la somme de 50,000 francs et est très-lié avec M. Etienne, le directeur de la *Neue Press* (de Vienne), notamment depuis qu'il dispose, en sa qualité d'agent de Mustapha-Fazil-Pacha, de puissants moyens pécuniaires. (Dépêche de M. d'Arnim à M. de Bismarck, 2 décembre 1872.)

D'autre part, ce Simon Deutsch est membre du comité directeur de la *Jeune Turquie*, qui a détrôné Abd-ul-Azis. Ce n'est pas sans raison que M. Disraéli, en septembre 1876, au banquet d'Aylesbury a signalé publiquement la grande part qu'avaient les sociétés secrètes aux agitations de l'Orient, d'où est sortie la guerre entre la Russie et la Turquie.

que les catholiques, non contents d'avoir
prodigué leur sang sur les champs de bataille, s'empressaient d'offrir leur fidélité
à l'empire allemand, c'est alors que, sans
aucun motif et contre son intérêt le plus
évident, M. de Bismarck a inauguré une
lutte religieuse, qui sera la pierre d'achop-
pement du nouvel édifice.

Les légistes de l'Empire ont commencé
par des lois sur *l'éducation des clercs*, qui
rappellent étonnamment certains projets de
Napoléon Ier, repris plus tard timidement
par le gouvernement de Louis-Philippe.
M. de Bismarck se flattait sans doute
d'amener ainsi peu à peu les catholiques au
schisme de Reinkens et de Doëllinger : c'est
toujours la même espérance de *corrompre
et de transformer le catholicisme !*

Mais, devant la courageuse unanimité
de l'épiscopat, les ennemis de l'Eglise ont
dû lever le masque et en arriver à la persécution ouverte. Cette persécution ne
s'arrête pas aux frontières de l'Allemagne.
C'est de Berlin que partent toutes les attaques contre l'Eglise, toutes les vexations
légales qui l'affligent dans le monde entier,
dans le Brésil et les Etats-Unis d'Amérique,
comme en Suisse, en Italie et en Espagne.

L'attitude prise par la Franc-Maçonnerie
depuis que le *Kulturkampf* a été inauguré,
est singulièrement significative. Elle juge

que le secret est devenu inutile ; elle tient
au contraire à se montrer et à faire sentir
sa puissance. Dans ses journaux, dans ses
loges, elle revendique hautement une part
prépondérante dans la fondation du nouvel empire allemand et dans sa lutte
contre l'Eglise. En voici deux exemples
pris entre cent articles semblables :

Le 1er novembre 1873, *la Frei-Maurer
Zeitung* de Leipzig écrivait ceci :

« Quand sont ainsi en présence deux anta-
gonistes : l'empereur, *qui, en sa qualité de F∴,
estime et protége l'Ordre;* le Pape, qui le mau-
dit et voudrait bien l'envoyer aux enfers, la
Franc-Maçonnerie peut et doit adopter un
parti. Elle peut et doit se mettre du côté où
elle est comprise et aimée...... *A la suite de
l'empereur,* nous marchons vers la liberté de
l'esprit sans assujettissement, vers la pacifi-
cation de la société sans distinction de symboles, vers l'affranchissement de tout préjugé
de jouissance égoïste...... Ce vieillard, ce
héros est notre F∴; *il nous est lié par une
chaîne indestructible, indissoluble. L'idéal
que poursuit notre Société nous l'associe.
Avec nous et pour nous,* il manie le marteau
de la force, l'équerre de la sagesse, le com-
pas de l'inspiration commune, qui sert à régler suivant un type idéal les actes dignes de
l'homme...... Que la conduite de notre F∴
impérial, *qui n'a pas vainement travaillé au
grand œuvre,* soit un exemple à tous les FF∴
Nous avons confiance que tous nos FF∴ et

toutes nos loges sont animés de ces sentiments, et qu'on n'oubliera pas, dans les ban-
quets qui ont lieu à des époques fixées de
faire trois feux nourris en l'honneur et par
amour pour le noble vieillard *qui a su combattre les puissances de ténèbres qui voulent
anéantir nos desseins.* »

Presque le même jour, le *Herault-
Rhenan* (25 octobre 1873) disait :

« Nous croyons pouvoir légitimement affirmer que c'est l'esprit de la Franc-Maçonnerie
qui, dans le dernier procès qui s'instruit
contre l'ultramontanisme, a prononcé sa sen-
tence par la lettre à jamais mémorable de
l'empereur au Pape. Les idées de l'empereur
Guillaume, qui, on le sait, est membre de la
Franc-Maçonnerie, ne datent pas d'hier, et
ne lui ont pas été uniquement inspirées par
ses conseillers actuels, ainsi qu'on se plaît à
le répandre. *Déjà, encore à la fleur de l'âge,
il les exprima en présence de l'Ordre, à une
époque où le monde se faisait de lui une tout
autre idée. Dans ce temps, il proféra des paroles de prince et d'homme, et il y est demeuré
fidèle. Si* aujourd'hui il les exécute, c'est ce
que l'histoire des siècles futurs attestera. »

L'empire prussien est bien véritablement un empire maçonnique ! Mais la
couronne en sera-t-elle toujours portée
par les Hohenzollern ? — C'est la question
que l'avenir décidera, et il n'est pas im-
possible d'entrevoir cet avenir avec ce
que nous savons du but final des sectes.

IX

L'AVENIR. — LA RÉPUBLIQUE UNIVERSELLE ET LA COMMUNE.

Il y a déjà longtemps, un franc-maçon célèbre, Blumenhagen, disait dans une loge :

« L'ordre de la Franc-Maçonnerie a fini son enfance et son adolescence. Maintenant il est devenu homme, et, avant que son troisième siècle soit accompli, le monde connaîtra ce qu'il est réellement devenu. C'est pourquoi l'esprit de l'Ordre veille attentif, en avant du temps et de l'esprit du monde, il s'implante dans tous les recoins de la terre, et s'établit fermement au cœur du pays. Et, puisque le monde entier est le temple de l'Ordre, l'azur du ciel son toit, les pôles ses murailles, et le trône et l'Église ses piliers, alors les puissants de la terre s'inclineront d'eux-mêmes et abandonneront à nous le gouvernement du monde et aux peuples la liberté que nous leur préparons. Que le Maître de l'Univers nous donne seulement un siècle, et nous serons arrivés à ce but ainsi désigné à l'avance. Alors les peuples chercheront leurs princes au milieu des reliques du passé. Mais, pour cela, il faut que rien ne ralentisse le travail et que jour par jour notre bâtisse s'élève. Plaçons, sans qu'on s'en aperçoive, pierre sur

pierre, et le mur invisible s'élèvera solide-
ment toujours plus haut ! »

Depuis lors les événements ont assurément marché : le pouvoir temporel du
Pape est détruit, les Bourbons ne règnent
plus nulle part; l'Allemagne impériale,
l'Italie unifiée, l'Autriche et l'Espagne
persécutant l'Église, la France en république, témoignent assez du règne universel de la Maçonnerie. Cependant le
grand œuvre n'est pas achevé.

Dans un article officiel sur *le rôle de
la Franc-Maçonnerie dans l'avenir*, le
Monde maçonnique d'avril 1876 réfute la
pensée de ceux qui regardent l'œuvre de
la Maçonnerie comme touchant à sa fin,
et croient qu'elle n'a plus besoin de mystère.

« Non, répond cette feuille, la Franc-Maçonnerie n'est pas seulement une société dont
l'objet principal est l'étude théorique des
questions qui intéressent l'humanité; c'est
une école pratique et expérimentale, une
institution modèle, un *véritable type de société organisée*..... La principale préoccu-
pation de ses membres doit être de se tenir
sans cesse à l'avant-garde de la civilisation;
s'effar ce d'éclairer la marche ascendante de
l'humanité en étudiant en commun, dans leurs
paisibles ateliers, les problèmes qui surgissent
dans le monde, en les élucidant avec soin, en
les vulgarisant si leur solution doit contribuer
au bonheur des hommes. *C'est ainsi que nos*

*pères avaient longtemps étudié et pratiqué
le suffrage universel avant de s'en faire les
propagateurs, avant que le monde extérieur
eût songé à en faire la base de l'ordre social...* Une telle association ne saurait périr,
parce qu'une évolution progressive a été
accomplie..... L'humanité progressera ·sans
cesse. C'est sa loi. *Quand ce qui a été longtemps regardé comme un idéal se réalise, les
horizons plus larges d'un idéal nouveau
offrent à l'activité humaine, toujours en
marche vers un meilleur avenir, de nouveaux
champs d'exploration, de nouvelles conquêtes
à faire, de nouvelles espérances à poursuivre.*
La Franc-Maçonnerie aura donc toujours son
rôle utile dans le monde. Elle le remplira
dignement dans l'avenir comme dans le passé,
en conservant avec soin la part essentielle de
ses mystères, qui sont le lien particulier des
initiés. »

Ainsi, ce n'est pas assez d'avoir réalisé
*cette république, qui est dans la Maçon-
nerie,* comme le disait Crémieux. De nouveaux horizons s'ouvrent à son action :
où conduit-elle l'humanité au milieu de ce
perpétuel *devenir ?* L'étude des documents
et des faits va nous l'indiquer.

La République véritablement maçonnique, c'est la *République.universelle.*

Partant du principe que chaque homme,
comme une émanation de la substance
unique, est un être absolument indépendant, Roi et Dieu, la Maçonnerie enseigne
u'il n'y a absolument aucun droit en de-

hors du consentement des peuples. Ce consentement est essentiellement révocable, et, comme le disait un des hommes les plus pénétrés de son esprit, Jefferson, « un peuple a, tous les dix-huit ans, c'est-à-dire à chaque renouvellement de génération, le droit de changer son gouvernement et de faire banqueroute. » Une monarchie constitutionnelle ne peut être qu'une étape dans la voie qui conduit à la République. La patrie, la nationalité, ne constitue elle-même aucun droit qui puisse enchaîner les individus souverains. De même que, dans un pays, le peuple souverain a pu détruire les provinces, les corporations, les libertés locales, ainsi l'humanité souveraine peut et devra détruire les nationalités particulières. « La nation ne doit tolérer entre elle et les citoyens aucun corps intermédiaire, » disaient les révolutionnaires de 1791. En vertu du même principe, l'humanité maçonnique ne devra tolérer aucun intermédiaire entre le grand tout et les individus souverains.

Un personnage qui s'est fait dans le nouveau monde le porte-voix de la Maçonnerie, Grant, le président *radical* des États-Unis, a jeté dans une proclamation officielle ces paroles inconcevables pour ceux qui ne sont pas au courant du langage des loges :

« Le monde civilisé tend vers le républica-
nisme, vers le gouvernement du peuple par
ses représentants, et notre grande république
est destinée à servir de guide à toutes les
autres.... Notre créateur prépare le monde à
devenir, en temps opportun, une grande nation, qui ne parlera qu'une langue et où les
armées et les flottes ne seront plus nécessaires (1). »

La même pensée inspire en ce moment
le projet d'une association internationale
des étudiants, où tous les partisans de la
République et de la libre pensée, de
quelque nation qu'ils soient, se tendraient
la main par-dessus Strasbourg et Metz.
Ce sera la répétition de ces *congrès* et de
ces *ligues de la paix* qui préparaient
l'explosion de 1870, et auxquelles tant
d'honnêtes gens donnaient étourdiment leur
adhésion. Il suffit d'avoir suivi avec quelque
soin ces procédés des sociétés secrètes
pour savoir qu'elles s'avancent vers leurs
desseins destructeurs précisément en je-
tant en pâture aux esprits de notre temps,

(1) L'existence et les développements de la Franc-
Maçonnerie aux États-Unis, dans un pays protestant et
républicain où il n'y a jamais eu de trace d'ancien régime
aucune rivalité de classes, est une des preuves les plus
significatives de son caractère essentiellement antichré-
tien. On nous permettra de renvoyer à ce sujet à notre
ouvrage : *les États-Unis contemporains, ou les mœurs,
les institutions et les idées depuis la guerre de la
Succession.* 2 vol. in-18. Plon. 3ᵉ édition.

dépourvus de toute règle, des mots sonores et des rêves humanitaires.

C'est là l'éternel mensonge de la Révolution : elle affole les peuples au nom de la liberté, et elle aboutit partout et toujours à la dictature ; elle surexcite en eux les sentiments nationaux et les soulève contre leurs gouvernements légitimes au nom de la *théorie des nationalités*, et elle marche volontairement à la destruction de toutes les patries, pour élever sur leurs ruines un césarisme cosmopolite. Elle a sans cesse à la bouche le bonheur des peuples, la paix universelle, et elle les écrase d'impôts et d'armées permanentes, elle les jette dans des guerres plus meurtrières que toutes celles des âges précédents !

La république cosmopolite de la Maçonnerie doit être aussi une république sociale. Tout homme, dans la doctrine maçonnique, a le droit absolu et imprescriptible de développer ses instincts, de satisfaire ses appétits. Aussi *la déclaration des droits de l'homme et du citoyen* du 24 juin 1793 met *la propriété* au nombre des droits naturels. Conséquence : tout individu a droit à la propriété, et les lois, les institutions sociales qui l'en privent doivent être renversées. La Maçonnerie ne cesse de l'enseigner, quand, dans tous ses grades, elle montre les distinctions sociales et les richesses comme la cause de tous les malheurs de l'humanité.

Le socialisme en découle tout naturellement. Puisque, d'après la Révolution, *le nombre et la somme des forces sont la seule source du droit*, puisque le peuple est souverain pour faire des lois civiles, politiques et même religieuses, ne l'est-il pas également pour régler la distribution de la propriété, l'organisation du travail et ses rapports avec le capital? La formule du *droit moderne* a été posée avec une grande netteté dans un congrès de l'Internationale : *Après avoir proclamé, en 1789, la souveraineté politique du peuple, il faut maintenant réaliser sa souveraineté économique* (1). Un député de Paris, maçon des hauts grades, M. Langlois, disait à peu près la même chose, sous une forme plus adoucie, à l'Assemblée nationale, séance du 9 mars 1872 : « La révolution démocratique sociale doit être faite par une assemblée issue du suffrage universel. Quant aux mesures, c'est aux délégués de la nation à les prendre après délibération,

(1) En 1865, un orateur du congrès de Liége disait avec une logique irrésistible : « Qu'est-ce que la Révolution ? C'est le triomphe *du travail sur le capital, de l'ouvrier sur le parasite, de l'homme sur Dieu.* Voilà ce que nous voulons. *Voilà la révolution sociale que comportent les principes de 89, les droits de l'homme portés à leur dernière expression.* »

et cela doit être fait en bonne conciliation. »

Au sein de cette société fondée sur le droit purement humain et au nom de la liberté individuelle, on verrait s'élever le plus monstrueux despotisme : celui des plus forts et des plus habiles. Les sectaires qui se sont révoltés contre la loi de Dieu ne veulent plus des droits divins du père et du prince, fondés sur cette loi ! Or ils remplacent ces autorités, limitées par l'autorité supérieure elle-même dont elles tirent leur origine, par la souveraineté absolue et illimitée de la *capacité*, de la science, comme l'entend la Révolution, c'est-à-dire de la ruse et de la force.

Saint-Martin, dans son style d'*illuminé*, disait : « J'établis sur la réhabilitation d'un homme dans son principe l'origine de son autorité sur ses semblables, celle de sa puissance et tous les titres de la souveraineté politique. » Le Saint-Simonisme a dit à son tour : « A chacun selon sa capacité. » Le positivisme enseigne la même chose : c'est la science, selon lui, qui *détermine* les fonctions du pouvoir. L'*Internationale*, elle aussi, emprunte à ces doctrines ses plans de réorganisation sociale. C'est donc partout et toujours la même hypocrisie : ou un césarisme, comme celui de Napoléon et de Bismarck, ou l'oligarchie d'une assemblée issue des clubs, comme la Convention !

Nous venons de nommer l'*Internationale*. Avec la *Commune*, elle est l'expression dernière et logique de la Maçonnerie. Elle en découle par une filiation directe.

L'*Internationale* n'est pas, comme elle l'a prétendu parfois, une association exclusivement ouvrière. On a remarqué que les principaux propagateurs des *sociétés coopératices* qui, de 1860 à 1867, surexcitèrent les espérances d'amélioration sociale des ouvriers, ont plus tard été à la tête de l'*Internationale*. A plusieurs reprises, dans ses congrès, des ouvriers sérieux ont demandé que les seuls travailleurs manuels fussent admis dans l'association ; mais cette proposition, qui ne faisait pas l'affaire des meneurs, a toujours été repoussée. Elle n'est pas davantage le simple résultat du malaise auquel le faux régime social issu de 89 condamne les classes laborieuses.

Il est parfaitement prouvé aujourd'hui que l'*Internationale* n'est pas autre chose que la continuation sous une nouvelle étiquette de l'*Alliance démocratique et sociale* fondée vers 1850 par Herzen et Bakounine, les célèbres socialistes russes. On profita, pour la lancer, du réveil des idées révolutionnaires après la guerre d'Italie. Parmi ses premiers chefs, on re-

marquait Karl Marx, ancien secrétaire de
M. de Bismarck, son gendre Lafargue, Lu-
craft, employé à Londres au *School Board*.

La Maçonnerie eut pour mission de
favoriser sa propagation.

En 1862, lors de l'exposition de Londres,
c'est dans une loge que les délégués ouvriers des différentes nations se réunirent
pour la première fois et arrêtèrent les
bases nouvelles de l'association. C'est
dans les loges maçonniques de Paris
qu'elle a recruté à son début ses premiers
adhérents et qu'elle a trouvé son point
d'appui, selon le témoignage de Fribourg,
un de ses fondateurs.

Plus tard, quand l'Internationale fut,
sous le nom de *Commune*, en lutte armée
contre la France, la Franc-Maçonnerie parisienne a pris ouvertement parti pour elle.
Le 26 avril 1871, plus de dix mille francs-maçons revêtus de leurs insignes, ont été en
procession saluer le pouvoir insurrection-
nel à l'hôtel de ville, et là le frère Thiri-
focque, leur orateur, déclarait que « la *Commune était la plus grande révolution qu'il
eût été donné au monde de contempler ;
qu'elle était le nouveau Temple de Salomon*,
que les francs-maçons ont le devoir de
défendre. » A quelques jours de là, ils
allaient sur les remparts opposer leurs bannières aux troupes commandées par le ma-

réchal Mac-Mahon. En même temps, de
nombreuses loges de province s'agitaient
et envoyaient à l'Assemblée nationale des
adresses menaçantes, où elles demandaient
*la conciliation, la proclamation des fran-
chises communales*, et réclamaient la dis-
solution de l'Assemblée.

Le Grand Orient fit bien des protestations contre cette conduite des loges; mais
ces protestations, semblables à celles qu'il
avait faites peu avant le 24 février 1848,
se seraient comme alors changées en une
adhésion cordiale, si la Commune eût
triomphé.

Les francs-maçons plus intelligents qui
le composaient ne furent-ils pas de ceux
qui, en échange de leur appui, stipulèrent
de M. Thiers l'engagement de faire la République, contrairement au pacte de Bordeaux?

Aujourd'hui, les *sociétés secrètes* vont
encore à l'assaut de l'ordre social. Sans
doute, la fièvre révolutionnaire, qui, à la
suite de défaillances et d'excitations de
toute sorte, s'est emparée d'une fraction
de la nation, leur permet de conduire
une partie de leurs desseins au grand
jour de la légalité, et, par conséquent, il
y a moins aujourd'hui qu'aux époques
de compression, de réunions occultes
et d'appareils mystérieux. Cependant,

malgré cette nouvelle situation, les *sociétés secrètes* n'en poursuivent pas
moins leurs agissements, d'abord sur le
grand échiquier de la politique européenne,
puis sur le champ de la politique intérieure.
Le *radicalisme* est aujourd'hui leur mot
de ralliement, comme autrefois le *libéralisme*. C'est sous cette bannière que les
loges maçonniques, unies aux tronçons
toujours vivants de l'*Internationale*, propagent dans les campagnes et dans les
villes ces petits livres destructeurs de
toute croyance qui portent les titres de
Bibliothèque démocratique ou *populaire*,
d'*Instruction républicaine*. Elles sont également unies sur le terrain électoral (1) et
dirigent le suffrage universel désorganisé.

Le sort des Girondins dévorés par les
Jacobins, celui de la monarchie de 1830 et
de l'Empire napoléonien successivement
renversés par la République, nous indi-
quent assez quel sera l'avenir.

Le jour où les différentes couches des
sociétés secrètes, aujourd'hui unies pour
détruire, croiront avoir définitivement
triomphé du catholicisme et de la monar-

(1) La Franc-Maçonnerie prétend ne pas s'occuper de
politique. Exemple entre mille : le *Monde maçonnique*
de mai 1876 raconte une fête donnée à Besançon par la
loge *la Sincérité* à MM. Oudet et Viette, nouvellement
élus sénateur et député du département. L'un et l'autre
ont exprimé leur gratitude à la loge, en reconnaissant
*qu'ils devaient leur élection au concours de la
Franc-Maçonnerie.*

chie légitime, on verra se produire entre leurs intérêts opposés un antagonisme qu'aucun frein ne modérera plus.

Entre les francs-maçons bourgeois et les internationaux, entre les conservateurs libéraux bien pourvus de places et d'argent et les affamés qui réclament leur part à l'orgie du pouvoir et de la richesse, ce seront des luttes à mort et des destructions effroyables, qui retomberont cruellement sur le pauvre peuple, toujours leur dupe et leur victime.

Aussi bien il faut aller au fond des choses.

La Maçonnerie, avec sa déification de l'humanité et ses rêves de République universelle, n'est pas autre chose que la préparation au règne de l'Antechrist, annoncé comme l'essai de revanche, passager et impuissant, de l'antique ennemi vaincu par la croix au Calvaire. Mais ce règne de l'Antechrist ne sera pas un règne de paix. Le mensonge est le trait caractéristique des sociétés secrètes, comme de leur premier auteur et de leur inspirateur constant.

Mensonge dans le secret dont elles se couvrent, mensonge dans les armes dont elles se servent, mensonge dans les déceptions qui suivent toujours leurs promesses!

M. de Maistre l'a dit avec raison, la

Révolution est essentiellement satanique. Il en est de même de la Maçonnerie, qui est la Révolution à l'état vivant et actif.

C'est ce qui a fait sa force momentanément; mais c'est aussi ce qui fait sa faiblesse irrémédiable. Puissante pour détruire à certaines heures de l'histoire, elle est incapable de rien édifier. Cette force même ne lui est donnée que pour un temps: elle ne saurait prévaloir définitivement contre l'Église et contre cette société chrécienne qui, à la sortie des Catacombes, a placé la croix sur la couronne des rois.

Les promesses divines sont là.

TABLE DES MATIÈRES

Paris-Auteuil. — Imp. des App. cath. — Rousset. 40, rue La Fontaine.

www.ingramcontent.com/pod-product-compliance
Lightning Source LLC
Chambersburg PA
CBHW051733090426
42738CB00010B/2241